全国小语名师

课堂教学实录

梦山书系

第一卷

全国小语名师课堂教学实录

陶继新 \ 主编

海峡出版发行集团 | 福建教育出版社
THE STRAITS PUBLISHING & DISTRIBUTING GROUP

图书在版编目（CIP）数据

全国小语名师课堂教学实录．第一卷/陶继新主编
．—福州：福建教育出版社，2019.12
ISBN 978-7-5334-8427-9

Ⅰ．①全…　Ⅱ．①陶…　Ⅲ．①小学语文课—课堂教学—教学研究　Ⅳ．①G623.202

中国版本图书馆 CIP 数据核字（2019）第 080353 号

Quanguo Xiaoyu Mingshi Ketang Jiaoxue Shilu (Di-Yi Juan)
全国小语名师课堂教学实录（第一卷）
陶继新　主编

出版发行　福建教育出版社
（福州市梦山路 27 号　邮编：350025　网址：www.fep.com.cn
编辑部电话：0591—83779650　83727542
发行部电话：0591—83721876　87115073　010—62027445）
出 版 人　江金辉
印　　刷　福州万达印刷有限公司
（福州市仓山区橘园洲工业园仓山园 19 号楼　邮编：350002）
开　　本　710 毫米×1000 毫米　1/16
印　　张　13.25
字　　数　203 千字
插　　页　2
版　　次　2019 年 12 月第 1 版　2019 年 12 月第 1 次印刷
书　　号　ISBN 978-7-5334-8427-9
定　　价　33.00 元

序

人文教育是将人文精神，通过教育活动、环境熏陶等方式和途径，内化为人的品格因素，实现对人的精神世界全面塑造的教育。它是塑造健康人格、提升人生境界与达成人生理想以及实现个人社会价值途径等方面的教育，目标是人的精神素养。正是基于这样一种思考，连续11年，我们举办了“名家人文教育高端论坛暨名师课堂研讨会”。

当下语文教学人文性存在问题是毋庸置疑的，课堂上教师与学生的状态不佳，课堂教学的量与质存在问题，精神品质很难有效形成。本来，语文应当是教师最爱教与学生最爱学的学科，可有时却恰恰相反。语文教师是需要高品位的文化支持的，没有对经典文本的大量阅读甚至背诵，就不可能形成属于自己的优质语系。可是，现在的一些语文老师，平时很少读书，特别是很少阅读与背诵经典文化；教学参考书成了他们必备之书，甚至成了教学的唯一依靠。结果，教起学来没有自己的语言，没有自己的思想，更没有生命激情，只是成了教学参考书的传声筒。这样的教师，并不是说备课不认真，可是，由于没有文化积淀，只是鹦鹉学舌，当然就没有了人文色彩。更重要的是，教学若干年后，甚至连在大学里学到的一些文化也丢掉了。于是，上课没有快乐，也不会精彩，而是一种应付，甚至是一种痛苦。其实，更苦的是学生，他们不喜欢老师的课，可又要在教室里正襟危坐，迫不得已地听下去，而且从小学入学到高中毕业，整整十二年。于是，学习语文就成了一场又一场心力交瘁的苦役，非但不能形成真正意义上的语文品质，甚至连心理也很难健康起来。

教师如何才能教得精彩？如何才能乐在其中？关键不是备课备到三更半夜，也不是将教参书背得滚瓜烂熟，而是用爱心与已有的文化积累，激活每一次教学。备课要备学生，这是一个不争的事实。可是，为什么在“名家人文教育高端论坛暨名师课堂研讨会”上执教的名师，此前并不认识当时所教的学生，课依然上得精彩纷呈？其实，备学生并不只是认识了每一个学生，知道各个同学的名字，对他们的性格清清楚楚，它还有一个极其重要的元素，那就是真正了知学生生命的潜能，以及深埋在他们心中的对语文学习的无限渴望，特别是如何开发这种潜能并满足学生的这种渴望，从而让课堂成为师生生命交互的快乐场。教师如果对这些问题一无所知，“备学生”也只能是一种表层的备课，根本没有抵达备课的高层境界，甚至有可能备得越认真，教得越不好。“名家人文教育高端论坛暨名师课堂研讨会”的一些名师则不然，他们用自己的智慧，很快激活了学生求知与乐学的内在需求，让他们感到学习语文原来还可以如此富有情趣，自己竟然还有如此之大的潜力。看来，不是学生不行，而是教师没有认识到学生的内在能量。当然，如果自己没有足够的文化储备与智慧能量，即使认识到了，也不可能触摸到学生那根本来就很敏感的生命琴弦。其实，教师自身的教育观念与文化积淀，才是激活学生生命的本质所在，才是学生课堂学习高质多量且又快乐的源泉。

“名家人文教育高端论坛暨名师课堂研讨会”上名师的课堂教学，不只是当场激活了学生的思维，还激活了其他一些重要的生命因子。因为所有技巧的背后，都有一种深厚文化与大爱之心和谐而成的“道”的力量在活动。当然，这种“道”也并不是一直处于隐蔽状态，有时也显见于课堂教学的场景中。他们在课堂上的“见机行事”，以及处理突发事件的能力，往往是点燃课堂教学之火最美妙的“瞬间”，这个瞬间让学生以及听课的老师感到妙不可言，听课者不禁惊叹其超越常人的智慧，以及学生智力超常发挥的不可思议。而这本书中的一些“课堂实录”，则生动地还原了这种精彩，从而让更多听过他们课的教师重温其中的生动场景，让未曾听过他们课的老师也能深入其中，品味其中的奥妙。然后，进行自我反思，再考虑如何“学而时习之”，从而让自己的教学焕发生机。

11 年来，每届“名家人文教育高端论坛暨名师课堂研讨会”（小学）讲课的名师都有十七八位。这本书收录了 12 位名师的课堂实录，他们的课堂教学风格不同，水平不一；然而，正是这种“起伏”与“节奏”，才有了“横看成岭侧成峰，远近高低各不同”的妙道。这样，读者在阅读研讨的时候，才能各取所需“化而裁之”“变而化之”地形成自己的东西。正是基于这种思考，在本书编排的时候，并没有根据讲课教师知名度的大小排序，名气非常大的名师之课，排在后面者常而有之。

这是《全国小语名师课堂教学实录》系列书的第一卷，此后还将出版第二卷、第三卷……

从 2009 年到 2019 年，“名家人文教育高端论坛暨名师课堂研讨会”已经办了十一届，而且人气越来越旺，以至于到了“人满为患”的地步。所以，万分感谢历届为我们会议上课的语文界的名师，也感谢众多参会的语文教师、校长和科研人员，以及支持他们学习的教育行政部门的领导，是他们让会议有了品质，有了影响，有了更好的发展前景。在此，作为主持举办这一会议的我来说，真诚地向你们说一声：“谢谢了！”

作为“名家人文教育高端论坛暨名师课堂研讨会”主办单位的中国教育报刊社宣传策划中心（从第十届开始，改由中国教育报刊社人民教育家研究院），在全国享有很高的威望，其主办的意义之大是可想而知的；作为协办单位的福建教育出版社有限责任公司、河北省衡水市冀州区信都学校、湖南长沙诺贝尔摇篮教育集团给予了大力的支持，让会议拥有了更加丰富的精神食粮；作为承办单位的北京凤凰师轩文化发展有限公司和北京中教鸿兴文化传播有限责任公司，为办好会议作出了很大的努力，显现了高端会议的品质；而媒体支持单位《教师博览》杂志社、《新教师》编辑部也一一送来精神佳品。这不由得让我想起了《周易》中的一句话：“二人同心，其利断金；同心之言，其臭如兰。”会议的成功，是一种合力的结果，也是一份共赢的事业。这本书的出版，则记载了这种合作共赢的美好。在此，一并表示深深的谢意。

这本书得以出版，福建教育出版社功不可没。作为在全国很有影响的教育类出版社，多年来一直是“名家人文教育高端论坛暨名师课堂研讨会”坚强有力的支持者。在市场经济大潮的冲击中，他们也不可能不关注出版的经济效益，可是，他们更注重社会的效益，这令我很是感动。不管是社长还是编辑室主任，以及我所接触过的编辑，他们身上散发出来的，更多的是社会担当的精神、“以文会友”的真诚以及视读者需求为生命的服务意识。这让我在对他们深表感激的同时，也自然而然地对他们有了一份敬意。我在福建教育出版社出过十几本著作，留存下来的，不只是文本成果，还有真挚的感情与丰盈的精神。而这本书尽管不是我的著作，我只是主编，可是，它依然为我与出版社之间架起了生命融通的桥梁。

写到此，我突然觉得，当感恩在我心里回旋的时候，我也就幸福起来了。

陶继新

2019 年 7 月 26 日于济南

目　录

《麦哨》课堂教学实录

虞大明

师：历下实验小学四（4）班的孩子们，大家上午好！上午好！上午好！

生：起立。

师：不用起立，因为没上课，我只是在向你们问候，你们只要有回应就行。刚才看到有些孩子笑眯眯地看着我，点点头，这算回应；有的孩子第一时间说出“老师好”，这也是回应。课前咱们先聊一会儿好吗？

生：好。

师：会聊天吗？

生：会。

师：好，我们聊一个简单一点的话题。我认为，咱们课堂学习的时候，最需要做到两点，一是学会倾听，赞同的请举手；二是学会思考，赞同的请举手。认为自己倾听和思考的水平都还很不错的，仍然把手举着。我特别欣赏自信的孩子，举手的孩子都是非常自信的，好，自信的孩子多起来了，愿意接受小小的考验吗？

生：愿意。

师：接下来我说两句话，考考你们，能听出些什么。友情提醒：不要把简单的事情复杂化。第一句特别简单，就五个字——我叫虞大明。听出什么了吗？

生：我知道了老师的名字。

师：叫什么？

生：虞大明。

师：跟他一样听出来的请举手。倾听的水平不错，孩子们，这就叫倾听。再一次友情提醒：不要把简单的事情复杂化，请坐。我要说的第二句话就是在第一句话的基础上添上一个词，这会儿不仅需要你们倾听，更需要你们思考——我现在叫虞大明。听出了什么？

生：我听出来了，老师您好像以前不叫虞大明。

师：好，以前有可能不叫虞大明，很会思考。还能听出什么来？我现在叫虞大明，我只是现在叫虞大明。

生：我知道了老师现在叫虞大明，那以后可能会改名。

师：真会倾听，真会思考。那你们是不是觉得站在你们面前的这位老师有点奇怪？（生：是）这位老师他这辈子至少有几个名字？

生：三个。

师：想不想知道为什么？

生：想。

师：想知道的举手。很想知道的把手举高。特别想知道的再把手举高。（生纷纷把手举得高高）

师：啊，看起来大家都很想知道。既然那么想知道，我就老实交待。为什么我现在叫虞大明呢？原因特别特别简单，因为我现在已——经——长——大——了，那你们一定知道，我小时候叫什么名字。

生：虞小明。

师：我将来老了叫什么名字？

生：虞老明。

师：有意思吗？

生：有。

师：既然那么有意思，我们就一起来对话，复习一下，争取把它刻在心里。我小时候，因为年纪小，所以大家叫我——

生：虞小明。

师：现在我长大了，所以大家叫我——

生：虞大明。

师：将来我老了，所以大家叫我——

生：虞老明。

师：相信的请举手！（很多学生举手）哇，太可爱了！还有那么多的孩子相信，太可爱了！其实我刚才是在跟你们开玩笑，不管什么时候，我的名字只有一个，那就是——

生：虞大明。

师：虞老师所在学校的孩子特别喜欢称呼我为“大明老师”，我觉得特别特别亲切，愿意这样称呼我一下吗？

生：愿意。

师：来，请。

生：大明老师。

师：再自然一点。

生：大明老师。

师：再自然一点！

生：大明老师。

师：加快节奏，很亲热的感觉。

生：大明老师。

师：感觉真好！我一直认为开玩笑能够愉悦我们的身心，对不对？

生：对。

师：我也一直认为学语文本身就应该是快乐的。我们只有带着快乐的心投入学习当中去，才能充分享受语文所带给我们的快乐。这堂课，大明老师郑重承诺，我们一定会享受到学语文的快乐，期待吗？

生：期待！

师：好，那就做好课前准备。别忘了准备好你的微笑。微笑着的孩子是最美的，现在每个孩子脸上都绽放着笑容，真美！上课！

生：（起立）老师好！

师：同学们好，请坐。这节课我们跟随作者陈益先生一起去乡村走一走，瞧一瞧，我们一起学习的课文题目是？

生：《麦哨》。

师：预习过课文的请举手。很好，在学习一篇课文之前能够去预习预习，这是非常好的学习习惯，希望同学们能够坚持下去。好吗？

生：好。

师：认为自己预习得还不错的请举手。（小手如林）非常自信，真好！既然大家都觉得自己预习得挺好的，那这堂课咱们就从聊预习开始，好吗？

生：好。

师：拿起笔。预习的第一个话题，预习的时候已经把这篇课文的每个自然段标上序号的请举手！（小手如林）真好，在112页的左上角奖励自己一颗五角星。给课文标上自然段的序号会方便我们阅读。关于预习的第二个话题，预习的时候已经把这篇课文读正确、读通畅的请举手！（小手如林）再奖励一颗五角星。把课文读正确、读通畅，这是读好一篇课文的基础。大明老师是不是可以这样认为，不管大明老师把课文中的哪个词拿出来，你们都能准确认读，是吗？

生：是。

师：请看屏幕。第一组词，谁会念？请你念！

生：和着鼻音、一声呼一声应。

师：读得相当准确，特别是第一个字和最后一个字，这两个字都是多音字，她念准了。好，第二组词，谁会念？请你！

生：剥开、嚼嚼、吮吮。

师：他念得不仅准确，而且好听。“嚼嚼”“吮吮”每个词的第二个字念得轻一点就好听了。我们一起念一念。

生：和着鼻音、一声呼一声应、剥开、嚼嚼、吮吮。

师：念得真好！说明大家昨天在预习的时候，确实已经把这篇课文读正确，读通畅了。关于预习的第三个话题，这篇课文的题目叫《麦哨》，预习的时候已经想方设法弄明白什么是麦哨的请举手。（部分孩子举手）奖励两颗五角星。没举手的孩子不要失望，不要遗憾。虽然在预习的时候没有弄明白什么是麦哨，但是已经在课题上打上问号的请举手。（少数孩子举手）也奖励两颗五角星。这也是会预习的表现。现在咱们班里部分孩子已经弄明白什么是麦哨了，还有部分孩子没弄明白什么是麦哨。没弄明白的可以向已经弄明白的——

生：提问。

师：用“提问”二字我觉得不够有水平。咱们可以向他们——

生：请求帮助。

师：请求帮助，有水平多了。咱们可以向他们——

生：请教。

师：不错，请教。你想请教谁？

生：请教×××。（手指向某生）

师：哦，请教这个小伙伴。请你请教。

生：麦哨是什么？

师：这不叫请教，这叫质问。会请教吗？来，面对着他。

生：请你告诉我，麦哨是什么。

师：哎，用上了“请”字，这就是请教。（走到被请教的孩子跟前）她那么有礼貌，你不好意思拒绝吧。来，你告诉她。

生：就是用麦秆做的哨子，将麦秆削孔，然后放在口中吹，能发出很脆的声响。

师：（面向全体）现在明白没有，什么是麦哨？

生：明白了。

师：这就是麦哨。（继续面向被请教的孩子）你怎么知道的？

生：我通过上网查资料的方法知道的。

师：哦，上网查询。孩子们，你们了解到的关于麦哨的信息也是用这个方法的吗？

生：是。

师：奖励你们两颗五角星。大明老师也作了查询，请看大屏幕。什么是麦哨呢？麦哨就是用麦秆做的哨子。将麦秆截断，削孔，能吹出清脆、悠扬的声音，这就是麦哨。让大家见识一下麦哨的庐山真面目。（出示图片）有点像什么乐器？

生：笛子。

师：麦哨是乡村孩子都会做、都爱吹的小玩艺。（出示图片）你看这个男孩，他就在——

生：做麦哨。

师：关于预习的第四个话题，通过预习，已经初步了解这篇课文是写什么的，请举手。（部分孩子举手）哦？这个也预习过了，说说看，这篇课文是写什么的。

生：是写孩子们快乐的乡村生活的。

师：跟她了解到的差不多的请举手。太好了，奖励三颗五角星。太会预习了，太会阅读了。这篇课文写的就是乡村孩子的生活。《麦哨》是一篇略读课文，我们在阅读略读课文的时候要首先关注课文前边的一段话，那叫什么？

生：导语。

师：没错，也可以叫“导读提示”。我们看一看导读提示当中的第二句话——认真读读下面的课文，看看文中孩子的生活是怎样的。这句话不就是在提示我们，这篇课文写的就是“乡村孩子的生活”吗？你们通过预习，觉得乡村孩子的生活怎么样？

生：快乐。

师：嗯。还有别的词可以形容吗？

生：自由自在。

生：无忧无虑。

生：丰富多彩。

师：好，那我们就自由选择一个词语写到课题的旁边。如果让我选，我会选“快乐”这个词。（板书：快乐）作者写这篇课文，他就想告诉读者，乡村孩子的生活是——

生：快乐的。

师：你们说自己选的那个词好不好？作者写这篇课文就想告诉读者乡村

孩子的生活是——

生：无忧无虑的、自由自在的……

师：好，我听清楚了。对如此快乐、如此自由、如此丰富多彩的乡村生活，向往不向往？

生：向往。

师：不要说你们小孩子了，就连大明老师这样的大人，对这种生活也是特别特别向往。要想体验这种生活的快乐，大明老师认为，咱们首先得弄明白课文写到了乡村孩子的哪些活动。拿起笔来，咱们一边默读课文，一边用圈关键字的方法梳理一下课文写了乡村孩子的哪些活动。把最关键的字圈下来，可圈可不圈的字是圈还是不圈？

生：不圈。

师：不圈，坚决不圈。

（生自由默读，圈画关键词）

师：课文写到了乡村孩子的哪些活动？有人很快从第三自然段圈出了一个关键词。

生：割草。

师：把“割草”二字圈下来，这就叫圈关键词。继续圈。

（生继续圈画）

师：好，咱们交流一下。还有哪些活动？

生：翻跟头。

师：第三个活动呢？

生：竖蜻蜓。

师：第四个活动呢？

生：摔跤比赛。

师：还有第五个吗？

生：采集茅茅针。

师：这是哪个自然段提到的？

生：第六自然段。

师：没错，第六自然段写采集茅茅针。已经五个活动了，还有第六个活动吗？孩子们，这篇课文的题目是麦哨，当然还有一个活动，那就是——

生：吹麦哨。

师：我特别想知道，你们是怎么圈“吹麦哨”这几个关键词的。如果我没有记错的话，这篇课文当中“吹麦哨”这几个字不是挨在一起的对不对？哪个自然段里边有这几个字？我特别想知道你们是怎么圈的？

生：先把两个词分别圈出来，然后用线连起来。

师：我再帮你重复一下好吗？因为这个方法太妙了，先把“吹”字圈下来，再把“麦哨”圈下来。然后用一条线连接起来。也用这种方法圈的孩子请举手。太好了，奖励一颗五角星。

师：你们看，乡村孩子可以割草、翻跟头、竖蜻蜓、摔跤比赛、采集茅茅针，还可以——

生：吹麦哨。

师：所以乡村孩子的生活是快乐的，是多姿多彩的，是自由自在的，所以我们才会对这样的生活充满着期待，充满着憧憬，是这样的吗？

生：是。

师：孩子们，这六个活动当中，写得比较清楚的是哪几个活动？再一次默读课文，比照比照，不急着下结论。写得比较清楚的、比较具体的是哪几个活动？

（生默读比照）

师：已经有结果了？咱们一块儿说。

生：采集茅茅针。

生：吹麦哨。

师：咱们说话得有理有据，要以理服人。为什么你们认为“吹麦哨”写得比较清楚，能不能找到几条依据来证明？

生：因为有三个自然段都写了吹麦哨。

师：只有三个吗？

生：四个。

师：分别是第一、二、七、八自然段，几个？

生：四个。

师：四个自然段写了吹麦哨，所以他感觉这是写得比较清楚的，是不是？孩子们，像这样开头两个自然段写，结尾两个自然段又写了，这种写法叫什么？

生：首尾呼应。

师：厉害，连“首尾呼应”都知道。这是一条依据。还能找到其他依据吗？

生：还写出了麦哨的声音，“呜叶，呜叶，呜……”。

师：对麦哨的声音做了直接描写。哪几个自然段？

生：第一自然段和第七自然段。

师：他特别会读书，一和七这两个自然段直接描写了麦哨的声音，刚才他还情不自禁地吹了麦哨，怎么吹的？

生：呜叶，呜叶，呜……

师：这是依据二，还有第三条依据吗？大明老师建议你去二和八自然段中找找。

生：有很多词语写出了麦哨的声音很动听。

师：太对了！圈一圈，有哪些词？

生：欢快柔美。

师：欢快柔美的麦哨声，还有呢？

生：忽高忽低。

师：忽高忽低的麦哨声，找到没有？继续交流。

生：此起彼落的麦哨声。

师：没错，此起彼落的麦哨声。

生：你呼我应的麦哨声。

师：都圈出来了。你看，二和八自然段里边有那么多的词语，有那么多的短语在形容麦哨声，所以我们就感觉麦哨声特别好听。

师：想不想听这样的麦哨声？

生：想。

师：我们自己吹好不好？

生：好。

师：以前吹过吗？会吹吗？

生：不会。

师：现在你们一定会吹了，为什么？刚才第一个孩子说了，因为课文已经对麦哨声作了直接描写，分别是哪几个自然段？

生：一和七。

师：（课件呈现一和七自然段）我们看一下。就算你以前没吹过麦哨，你读了一和七之后就会吹了，你只要把这几个字念出来就行了。现在会吹的请举手。很自信啊！我想跟你们打个赌，愿意吗？

生：愿意。

师：我预测，待会儿我请两三个孩子来吹麦哨，这些孩子会出一点小毛病。愿意打赌吗？

生：愿意。

师：真的还是假的？

生：真的。

师：要是我输了向你们鞠上一躬。万一你们输了怎么办？

生：我们就向大明老师鞠上一躬。

师：好，就这么定了。谁先吹麦哨？

生$_1$：呜叶，呜叶，呜——

师：火车来了。谁再想试试？

生$_2$：呜叶，呜叶，呜——

师：火车又来了。哪儿出问题了？第一声、第二声吹得都挺好听的，问题就出在第三声，请看，后边有一个什么标点？

生：省略号。

师：这个省略号省略的是——你说。

生：剩余的“呜叶”。

师：有没有听清楚？省略的是其他“呜叶，呜叶”这样的声音。而不仅仅是一个“叶”字。孩子们，所以说只要你这口气够长，你就不停地“呜叶，呜叶，呜叶，呜叶，呜叶……”这样往下吹。如果你吹到后来变成“呜叶，呜叶，呜——”那永远是火车来了，对不对啊？

生：对。

师：服不服啊？

生：服。

师：自觉一点。

（生全体起立）

师：还要我指挥啊？

（生向大明老师鞠躬）

师：你们太自觉了，所以我作为老师要还礼。（向学生鞠躬）请坐。现在会吹了吧？

生：会。

师：我小时候真的吹过麦哨，相信不相信？我小时候吹的麦哨不只这一种腔调。我吹过的麦哨有这样三种腔调。（大屏幕呈现）接下来我将吹响其中的一支，待会儿你们用手指头表示数告诉我，我吹响的是哪一支，好不好？

生：好。

师：注意倾听，“呜叶——呜叶——呜叶——”都已经听出来了？来，一起用手指头表示数。

（生伸出两个指头）

师：为什么？

生：因为“叶”字后边有个破折号，表示“叶”字声音要延长。

师：真厉害。知道这是破折号的请举手。

（生举手）

师：奖励一颗五角星。不仅知道这是破折号，而且还知道破折号在这里表示的是声音延长的请举手。

（生举手）

师：再奖励一颗五角星。太厉害了！是不是可以这样认为——破折号落在哪一个字的后面，就表示这个字要延长？

生：是。

师：谁会吹第一支麦哨？

生：呜——叶，呜——叶，呜——叶……

师：非常好听。谁能吹得特色更加鲜明一点？

生：呜——叶，呜——叶，呜——叶……（“呜”延得特别长）

师：也非常好听。你们太能吹了。谁会吹第三支麦哨？

生：呜——叶——，呜——叶——

师：两声，挺不错的啊，谁能吹三声？

生：呜——叶——，呜——叶——，呜——叶——

师：非常悠长的麦哨声，谁还想吹啊？来？

生：呜——叶——，呜——叶——，呜——叶——，呜——叶——，呜——叶——，呜——叶——

师：哎呀，六声。你太厉害了，既清脆又悠长。来，孩子们，自由选择你最想吹的一种腔调，尽情把麦哨吹响，开始。

（生自由吹麦哨）

师：面带微笑地吹出动听的麦哨，这是很快乐的事情。所以作者要用四个自然段把它写得特别清楚。我们再来看看“采集茅茅针”，哪个自然段写的？

生：第六。

师：嗯，只有一个自然段在写，为什么你们觉得“采集茅茅针”也写得特别清楚？研究一下这个自然段，把笔拿起来，找找依据。

生：虽然它只是一个自然段，但它详细描写了茅茅针的样子和采集茅茅针的过程。

师：你太会阅读了。他说这一段先写了茅茅针的样子，同样有这个发现的请举手。（生纷纷举手）哪句话写的是茅茅针的样子？做上点记号，咱们一起读出来。

生：那是一种和茅草差不多的野草……

师：停，停，孩子们，读书再加快一点节奏，再自然一点。

生：那是一种和茅草差不多的野草，顶部的茅穗儿还裹在绿色的叶片里，显得鼓鼓的。

师：以前见过茅茅针吗？

生：没有。

师：就算你以前没见过，现在你读了这句话，你的眼前一定会浮现出茅茅针的样子。请闭上眼睛，已经看见茅茅针的请举手。好，现在请你看屏幕。（课件呈现图片）这就是茅茅针，刚才浮现在你眼前的茅茅针的样子和现在屏幕上你所见到的茅茅针的样子差不多的，请举手。太棒了！这一方面说明作者把茅茅针的样子写得很清楚，另一方面也说明大家特别会想象。这是依据一，还写了什么？

生：接着写了怎样食用茅茅针。

师：怎么吃茅茅针写得清楚吗？是抓住什么来描写的？

生：抓住动作来写。

师：一起圈一圈，有哪些动作。

生：剥开、抽出、嚼嚼、吮吮。

师：没错，抓动作来写茅茅针怎么吃，写得特别清楚。这是依据二。还有第三条依据吗？

生：还写了茅茅针的味道。

师：没错。如果让你们圈出一个关键词，会圈哪个词？

生：甘甜清凉。

师：好，我们一起来梳理一下，你一定会觉得这个自然段写得太清楚了，第六自然段先写了茅茅针的——

生：样子。

师：接着抓住动作写了——

生：茅茅针的吃法。

师：最后写了——

生：茅茅针的味道。

师：所以“采集茅茅针”写得很清楚。

师：刚才我发现了四（4）班孩子的一种现象，我要不要说出来？

生：要。

师：我发现刚才咱们在谈到茅茅针的味道的时候，咱们四（4）班的孩子，特别是好几个男孩子在做一个动作，知道是什么动作吗？

生：咽口水。

师：对了，就是咽口水，做过这个动作的举手。（几个男生不好意思地举手）这不是什么难为情的事情。茅茅针是大自然赐予我们的绿色食品，甘甜清凉，咽口水甚至馋涎欲滴，那才正常。孩子们，想尝吗？

生：（兴高采烈）想。

师：你们认为我能满足你这个愿望吗？

生：能。

师：太抬举我了。茅茅针是什么季节才有的？

生：盛夏。

师：对，麦子成熟的季节，也就是盛夏时节。你看这篇当中有一个自然段，就是写了盛夏时的丰收之景，写得特别美，哪个自然段？

生：第四自然段。

师：孩子们，这个自然段文字特别特别优美。你在旁边做个记号，课后你多读几遍，把它背诵积累下来，这也是非常有好处的。

师：孩子们，茅茅针盛夏才有，现在是初夏，所以我没有办法满足大家心愿，我是心有余而力不足，怪不怪我？怪谁？

生：怪季节。

生：怪老天爷。

师：呵呵，有意思。但是，我找到了一样替代品，想不想尝一尝？

生：想！

师：我去拿来。闭上眼睛，不能偷看。三、二、一，睁眼，这是什么？

生：啊？棒棒糖。

师：这不是一般的棒棒糖，这是我费了九牛二虎之力才找到的，这叫茅针棒棒糖，所以它的滋味一定也是怎么样的？

生：甘甜清凉。

师：待会儿，谁有幸得到这颗茅针棒棒糖，你可以在课堂上，当着大伙的面把它剥开，当然你舍不得嚼，那就吮吮。如果你同伴的口水都被你引诱出来了，你别管他，你尽管吮。想得到它的请举手。

（生情绪高昂，纷纷举手）

师：这叫人多——

生：力量大。

师：人多糖少。那我得想个法子。这样吧，你看这段文字，特别是怎么吃茅茅针，抓动作来进行刻画，写得很清楚。待会儿我来念这几个句子，看看你能不能通过肢体语言，把怎么尝茅茅针演得惟妙惟肖，谁表演得到位，这颗糖就是谁的，行吗？

生：行。

师：好，准备，开始了——剥开叶片，将茅穗连同茎轻轻抽出，把茎放进嘴里嚼嚼，吮吮，一般甘甜清凉的滋味，很快从舌尖直沁肺腑，直沁肺腑。

（生随着教师的朗读，纷纷做动作）

师：孩子们，前边几个动作大家不分上下，你要想得到这颗棒棒糖，你只有把“直沁肺腑”的感觉表演出来才行。再来一次：剥开叶片，将茅穗连同茎轻轻抽出，把茎放进嘴里嚼嚼，吮吮，再嚼嚼，再吮吮，一股甘甜清凉的滋味很快从舌尖直沁肺腑，直沁肺腑，直沁肺腑。好，我找到一位，你，过来过来，你就把“直沁肺腑”的感觉模拟一下好吗？

（生模拟“直沁肺腑”）

师：模拟得真好。棒棒糖是你的了。

生：谢谢老师。

师：你到一边去剥开。如果剥不开，请老师帮忙，他们不会跟你抢的，好，去。

师：怎么样，羡慕吧？

生：羡慕。

师：我好像还有一颗，要的请举手。继续：剥开叶片，将茅穗连同茎轻轻抽出，把茎放进嘴里嚼嚼，吮吮，嚼嚼，吮吮，再嚼嚼，一股甘甜清凉的滋味很快从舌尖直沁肺腑，直沁肺腑，直沁肺腑……这颗糖非他莫属了，来，剥开，塞嘴里。

师：快乐吗？正因为那么快乐，所以作者把它写得那么清楚。孩子们，学到这，我好像有点犯迷糊，为什么呢？难道说竖蜻蜓不快乐？

生：快乐。

师：摔跤比赛快乐不快乐？

生：快乐。

师：翻跟头快乐不快乐？

生：快乐。

师：既然那么多的活动都快乐，为什么作者只把吹麦哨和采集茅茅针写得那么清楚？

生：因为这两项活动是孩子们最快乐的。

师：你认为这是最快乐的？我觉得没说清楚。

师：我作一个友情提醒——作者写这篇文章是为了告诉读者，乡村孩子的生活是快乐的。我再重复一遍，是为了告诉读者，乡村孩子的生活是快乐的。

生：因为这些活动具有乡村特点。

师：哪些活动具有乡村特色？

生：吹麦哨和采集茅茅针。

师：也就是说我们城里的孩子如果想翻跟头能翻吗？

生：能。

师：你想竖蜻蜓，你有那个水平，你能竖吗？

生：能。

师：但城里的孩子想吹麦哨，想采集茅茅针，行吗？

生：不行。

师：所以说“吹麦哨”和“采集茅茅针”是乡村孩子特有的生活。抓住这样特有的生活，把最独特的事情写清楚，这样才能体现这种独特的快乐。这是写好作文的金钥匙。

师：很多会写文章的人这一点做得特别好，比如这册课文后面的选学课文当中有一篇是《可爱的草塘》。请看大屏幕，作者为了体现北大荒生活的无穷乐趣，把两件事情写得特别清楚，我们先看第一件。（课件呈现）你能不能圈出三个关键字，来表明这件事情是什么？如果你能圈准，那就说明这件事情的独特之处，你已经明白了。

生：逮野鸡。

师：那么一会儿功夫就能圈出逮野鸡，已经很不错了。建议大家把“逮”

换成文章当中另外一个字，那就更高明了。

生：拔。

生：拔野鸡。

师：厉害，我圈的也是拔野鸡。独特不独特？

生：独特。

师：像拔萝卜那样拔野鸡，拔过萝卜吗？

生：拔过。

师：有一首儿歌唱的就是拔萝卜，会唱吗？

生：会唱。

师：我们一起哼唱几句好不好？来，预备，起。

师、生：拔萝卜，拔萝卜，嘿呦嘿呦拔萝卜。

师：在北大荒，那里的孩子们压根不唱拔萝卜，他们唱什么？

生：拔野鸡。

师：来一起唱。

生：拔野鸡，拔野鸡，嘿呦嘿呦拔野鸡。

师：太独特，太有意思了。我们再看第二件事情，快速默读，圈出两个字，表示这件事情是什么？

生：舀鱼。

师：太对了！这个地方鱼太多了，只要用水瓢一舀就行了，独特吗？

生：独特。

师：孩子们，把最独特的事情写得最清楚，这是写好文章的金钥匙。已经掌握了这把金钥匙的请举手。

（生纷纷举手）

师：再打上一颗五角星。学到这，相信同学们一定快乐多多，收获满满，是不是？

生：是。

师：现在我们来盘点一下你的五角星，获得八颗以上五角星的孩子请举手。

（大部分学生举手）

师：太厉害了，大明老师建议，给自己鼓鼓掌。

（生鼓掌）

师：这堂课快乐吗？

生：快乐。

师：你们的童年生活也是无比快乐的。那就让我们一起用笔去刻录，把你快乐的童年生活写下来，让它永恒。写下来以后还可以跟别人分享，要知道，与别人分享会更加快乐。好，下课。

《滴水穿石的启示》课堂教学实录

管建刚

师：我们今天上的课文题目一起念一念。

生：滴水穿石的启示。

师：你坐得太端正了。人太端正了就会紧张，稍微放松一下。慢慢来，要放松也是一件很不简单的事情。你看我这个叫放松，你看他那个叫紧张。好，这个课文我们预习过了吧？预习过的吧。

生：预习过了。

师：我对你们的预习要考的，考过算预习好了。第一考，这篇课文里有三个人，哪三个？不看课本，再看算作弊。

生：里面有李时珍、爱迪生和齐白石。

师：好的，第一问过关。第二考里有三问，李时珍是干什么的？

生：李时珍是一个药学专家。

师：我问你李时珍是干什么的。别动不动就用什么专家吓人。李时珍是干什么的？

生：是一个大夫。

师：大夫是干什么的？

生：为别人治病的。

师：不就是一个看病的吗，搞那么高深干什么呢，对不对？李时珍就是个看病的，看着看着，看成了一个医学家，是吧？爱迪生是干什么的？

生：是一个发明家，他是发明东西的。

师：就是搞搞小发明的，小发明搞多了变成"家"了，发明家。齐白石是干什么的？

生：画画的。

师：这个话我爱听。就是个画画的，画着画着，他成了——

生：画家。

师：第三考，先读课文的题目。

生：滴水穿石的启示。

师：快一点，看着我的手势，念。

生：滴水穿石的启示。

师：就这个速度再念一遍，念。

生：滴水穿石的启示。

师：课文有一句话，将滴水穿石的启示写得清清楚楚、明明白白，请画出来。（师巡视，肯定画对的）一起来读你们画的，读。

生：我们要铭记滴水穿石给予我们的启示，目标专一而不三心二意，持之以恒而不半途而废，就一定能够实现我们美好的理想。

师：这句话是关键句，读书要能找准关键句，念。

生：关键句。

师：这个关键句所讲的意思一点也不复杂，做事情要坚持，不要半途而废，老师跟你说过这个话吧？

生：说过。

师：家长什么的跟你说过类似的话吧？

生：说过。

师：都说过，一点也不难，一点也不复杂，但作者说的跟别人说的不一样，同样的意思有一百种说法，作者的说法很不一样。一起读红色部分，目标专一，读。

生：目标专一而不三心二意，持之以恒而不半途而废。

师：你会发现“而不”前面是一个四字词，念。

生：目标专一。

师：“而不”后面又是一个四字词语，念。

生：三心二意。

师：再看，这个“而不”前面又是一个四字词语，念。

生：持之以恒。

师：“而不”后面又是一个四字词语，一起念。

生：半途而废。

师：发现了没有，同样讲这个意思，这句话的与众不同之处？

生：是反义词。

师：前后是反义，这是一种发现。还发现了什么？——“而不”前面是四个字，“而不”后面是四个字，这叫对称。这一组读前面一句话，这一组读后面一句话。

生：目标专一而不三心二意。

生：持之以恒而不半途而废。

师：对称吧？这句话的意思很多人都讲过，作者讲得不一样，特别对称。你们读前面一句，你们读后面一句，读。

生：目标专一而不三心二意。

生：持之以恒而不半途而废。

师：一起来背。目标专一，背。

习：目标专一而不三心二意，持之以恒而不半途而废。

师：我知道刚才为什么背得那么好，有几个人的眼睛偷偷瞄了一下，现在，我挡你的前面。你来。

生：目标专一而不三心二意，持之以恒而不半途而废。

师：真的能背。你来。

生：目标专一而不三心二意，持之以恒而不半途而废。

师：真的行，眼睛闭起来，背。

生：目标专一而不三心二意，持之以恒而不半途而废。

师：背出来了，一，你的记性好；二，作者写得好。对称的话，就有对称的美的语言，往往很容易记住。

师：这是一句关键句，关键句里往往还有关键词。这句里有两个关键词，请用手指指给我看。

生：目标专一。

师：第二个。

生：持之以恒。

师：好的，一起念这两个词。

生：目标专一，持之以恒。

师：这叫关键词，读书要会找——

生：关键句。

师：找到了关键句，要会找——

生：关键词。

师：这篇课文两个。

生：目标专一，持之以恒。

师：今天我们学的课文，一起读课题。

生：滴水穿石的启示。

师：它的启示是？

生：目标专一而不三心二意，持之以恒而不半途而废。

师：记住了吧，背出来了吧，我们可以下课了吧？

生：不可以。

师：课文不是说“滴水穿石的启示”吗，启示知道了吧，背出来了吧，下课了吧？

生：不可以。

师：好像有点不对劲啊，是不是还要学点什么东西？那你说学点什么东西呢？

生：我觉得应该要有一些明确的事例来证明这两个观点。

师：到底不愧是三条杠的，每次我把话筒伸到她面前的时候，她就很老练地一把抓了过去。你说要具体的事例，谁的事例你知道吗？

生：一个是安徽广德有一块石头，它上面就是长时间受到一个滴水，经过长年的水滴到这个石头上，于是这块石头上就出现一个小洞。第二是古人的事例，分别用了李时珍、爱迪生、齐白石三个人的事例，来说明如果我们目标专一和持之以恒就一定会实现我们的理想。

师：你都知道了，你还说还要学这个东西。你是不是担心，我三条杠是知道的，没有杠的人不知道是不是？

生：我觉得应该让同学们都去更深刻地了解一下。

师：你知道这三个人的故事了吧。

生：知道了。

师：你知道这三个人的故事了吗？

生：知道了。

师：大家都知道了，知道了有什么好学的呢？再学点什么？你说，按你的经验该学点什么东西？

生：我觉得可以学一点这四个事例之外别的事例。

师：就是这个课文里没有的事例，我们再去找一些事例，非常抱歉。管老师没有准备。

生：我觉得我们应该把这些事例一个一个学清楚。

师：怎么叫做清楚了呢，课文写得还不够清楚吗？

生：就是详细地把每一句话都分析。

师：我告诉你，我不干那傻事。我干什么事呢？大家来看，课文《滴水穿石的启示》写了一句，一起读。

生：目标专一而不三心二意，持之以恒而不半途而废。

师：就写了这句话。这篇课文却是用一篇文章来写的。明明一句话能解决的事情，作者写成了一篇课文，作者是怎样把一句话……

生：（读板书）一句话变一篇文。

师：如果我们能够获得这个奥秘，一句话变成一篇作文，那以后写作文是不是就简单了？

生：嗯，对。

师：这个奥秘我们来学学好不好？很有意思吧。好，咱们就来揭开这个奥秘，揭开之前先读书。先读第一节，我读课题，你们读第一节。

生：在安徽广德的太极洞内，有一块状如卧兔的石头，石头正中有一个光滑圆润的小洞。这个小洞是怎么形成的呢？原来在这块石头的上方，有水滴接连不断地从岩缝中滴落下来，而且总是滴在一个地方。几百年过去了，几千年、几万年过去了。

师：停、停、停，有没有觉得这里不对劲，“几百年过去了”，接下来有同学怎么读。几千年……

生：过去了。

师：听我读“几百年过去了，几千年过去了，几万年过去了”，这个意思跟书上的意思差不多。我再给你一种写法“几百年、几千年、几万年过去了”，意思差不多吧？可是你再辨一辨，差不多的地方还有一点点差，差在哪里？我读，你们来辨一辨。

“几百年，几千年，几万年过去了。”

“几百年过去了，几千年过去了，几万年过去了。”

师：同样是几万年过去了，哪一个时间过得快？

生：第二句。

师：书上呢，怎么写？一起读。

生：几百年过去了，几千年、几万年过去了。

师：跟前面两个句子比，处于什么位置？

生：中间。

师：所以，那个“过去了”不能多，得照着上面念。人家写文章不是瞎写的，这个地方没有就是没有。咱们一起来读。

生：几百年过去了，几千年、几万年过去了。

师：往下读。

生：水滴锲而不舍，日滴月琢，终于滴穿了这块石头，成为今天太极洞内的一大奇观。

师：看了这个奇观，作者提出了一个观点。请大家一起读第二小节，水滴的力量是微不足道的，读。

生：水滴的力量是微不足道的，可是它目标专一，持之以恒，所以能把石块滴穿。如果我们也能像水滴那样，还有什么事情做不成呢？

师：他提出了一个看法，就是第二小节的最后一句话，再读。

生：如果我们也能像水滴那样，还有什么事情做不成呢？

师：最后是个问号。在这里这个问号要读出感叹号的味道。

生：如果我们也能像水滴那样，还有什么事情做不成呢？

师：这个问号还拉得不够直，感叹号还拉得不够直，你来读。

生：如果我们也能像水滴那样，还有什么事情做不成呢？

师：有感叹号的味道了，你来读。这是作者提出的一个看法，这个看法对不对呢？他要用例子去证明。第一个例子是关于李时珍的，我请你们组读，李时珍的例子结束就结束，就停，不能多一个字也不能少一个字。其他组就听他们读，看他们好戏，会不会多一个字，会不会把李时珍的故事读到爱迪生那里去。

（生读，不多不少）

师：好的，不多不少，现在看看你们，你们读爱迪生的故事，我们听，要不多不少正好。准备，读。

（生读，不多不少）

师：好，这种读书就叫用心，你一不专心，就会读到下面去。同学们，李时珍从小立志学医，这叫做？

生：目标专一。

师：二十多年写成药学巨著，这叫做？

生：持之以恒。

师：爱迪生从小迷恋电学实验研究，这叫做？

生：目标专一。

师：我们来做个算术题，如果一个星期发明一项专利权，一年大概可以发明多少项？多少项？

生：大约 52 项。

师：一千多项，以一个星期发明一项，大概需要连续多少年？你来。

生：大概十几年。

师：我可以肯定地跟你讲，你的算术有问题。一个星期 1 项，一年 52 项，1000 多项大概需要多少？

生：二十几年。

师：你看，演算是多少重要！即使是一个星期 1 项，也要 20 多年的发明，这叫做？

生：持之以恒。

师：我们接着读齐白石的故事，这个故事读完，你不要多，不要读到后面去。拿好课本。现代著名书画家，读。

（生读）

师：告诉我，齐白石老人画室里有一幅条幅用于自勉的，哪一幅？

生：不教一日闲过。

师：在白石老人眼里，怎样的日子叫“不教一日闲过”？

生：应该是每天都用功作画。

师：书上是写，即使到了晚年，每天都要作画三幅。咱们一起来读一读这个条幅。

生：不教一日闲过。

师：请问，如果是姚明，怎样才叫“不教一日闲过”？

生：天天练习篮球。

师：练习多长时间？

生：至少得练习一个小时。

师：如果他是刘翔，怎样才叫“不教一日闲过”？

生：每天练习跑步。

师：跑多久？

生：得三四个小时吧。

师：你这个教练比姚明的那个教练要严厉得多。如果他是个作家，怎样才算“不教一日闲过”？

生：每天至少要写一篇作文。

师：一篇作文是不少于 400 字吗？

生：是的。

师：我觉得这个作家，当起来满便宜的。你对作家的要求是什么？

生：每天至少写出两篇日志。

师：日志，每篇日志大概多少字啊？

生：400 字以上。

师：如果他是个老师，怎样才算“不教一日闲过”？这一次举手的人多了，我听听你们对老师的看法。

生：每天就是坚持备课，备得很流利。

师：星期六、星期天让他休息吗？

生：不休息。

师：暑假、寒假让他休息吗？

生：不休息。

师：如果他是个学生，怎样算是“不教一日闲过”？请刚才对老师提要求的同学来说说。

生：老师布置写字的时候多写几遍，作业用心写，写完了再检查。

师：老师不布置作业，你们就休息？

生：不是，那自己预习预习课文把会的都写完。

师：反正每天要做一点、学一点，是这个意思吗？双休日要学一点吗？

生：要学一点。

师：寒暑假要学一点吗？

生：要学一点。

师：你一定会成为好学生的。同学们，“不教一日闲过”，每天都坚持做一点，白石老人他坚持了多少年呢？齐白石 14 岁开始学画、作画，一直到去世这个习惯都没有改变。他去世是 93 岁，多少年？

生：79 年。

师：持之以恒了 79 年，奇迹发生了，白石老人的一幅字画拍卖价可以拍卖到多少钱呢？猜一猜？

生：几个亿。

师：你这个牛吹大了。

生：我觉得是几万、几千万。

师：几万跟几千万这个差距就太大了，你给一个稍微准确一点的。

生：几百万。

师：几百万，算五百万。往上猜一点点。

生：三四千万吧。

师：再往上猜一点点。

生：我觉得至少也得四五千万。

师：四五千万可以买好几栋别墅了，是吧？往上猜。

生：应该是七千万吧。

师：那我告诉你肯定还得往上走。

生：我觉得十千万左右。

师：十千万，十千万……

生：一个亿。

师：一个亿。再往上走。

生：一个亿零二百万。

师：再往上走。

生：一兆。

师：这种话我听不懂，太前卫了。

生：一个亿零二十万。

师：再往上走，你来。

生：一个亿五千万。

师：管老师宣布，其实她信口开河说的第一句话，很准。白石老人的一幅画拍卖价拍到了4.255亿元。滴水穿石的启示——

生：目标专一，持之以恒。

师：这是正面的例子，三个。作者又写了一个反面的例子。反面的例子是写什么的，看看书，反面例子是写什么的？

生：是写雨水的。

师：正面例子写的是人，反面例子为什么不写人呢？按理来讲，正面例子写人，反面例子也应该写人？

生：因为这次的题目是“滴水穿石的启示”，跟水滴有关系。

师：这是她的见解，你来。

生：我觉得，这个雨水和太极洞里的水滴成对比，那个水滴能几万年持之以恒滴在一个地方。雨水却不能持之以恒、目标专一，它是要和水滴作对比。

师：好的，我有个想法。这个人目标专一、持之以恒，历史上留下他的名字，就能举他的例子。如果这个人目标不专一，老是半途而废，你知道这个人是谁吗？你还能举他的例子吗？举不了。同学们，一句话是怎样变成一篇文章的？读。

生：提出看法，正面例子，反面例子，得出结论。

师：结论是？

生：目标专一而不三心二意，持之以恒而不半途而废。

师：是不是这样就能把一句话变成一篇文章呢？咱们来试试，我有个看法，课前认真预习，每天回家作业认真做，再复习复习。坚持这样做的同学，学习成绩一定很不错，同意不同意我的观点？

生：同意。

师：我们班有没有这样的正面例子。有。谁？你的手指向谁？

生：傅羽佳。

师：就是前面那个三条杠的，傅羽佳，正面例子女一号。男生有没有？就这个。是这个吗？原来你是男一号。我举正面例子，男一号，再举一个女一号。接下来，我举反面例子，我们班有没有这样的同学，上课不好好听、作业不好好做、最后成绩比较糟糕的，有没有？有吧，要不要说说他的名字，要不要说？

生：不说，不要说。

师：这个孩子好，大庭广众咱们就不说了，但有没有这样的同学？

生：有。

师：正面例子男一号、女一号，反面例子举两个，能写成一篇作文了吗？

生：能。

师：一句话变一篇文章原来是这么变的。

生：提出看法，正面例子，反面例子，得出结论。

师：这就是传说中的议论文。其实议论文最好写，正面例子，读。

生：正面例子。

师：举两个。

生：反面例子。

师：举两个。一篇文章出来了。同学们，这篇课文当中，哪一部分作者是最用力、最用心写的？

生：应该是正面例子。

师：正面例子写得很长。那么长，把它分成两节，请你给我分。好了？请把手放下，看管老师的，到这里分成两节，这样的同学请举手，很好，请放下。

师：我觉得分两节，还是太长。再把上面部分分成三节，变成四节。请你在你的课本上分好。

（生分小节）

师：请看我的答案，来，校对一下，对不对？

生：对。

师：分对的请举手，这次全对了。（几乎全班同学都举手了）我很郁闷，做老师的不能把同学考倒，这是一件很郁闷的事情。考一个难的，分成五节怎么分？

（师巡视全班）

师：都错了。你还敢举手，哪里？错。我不看你们了，我看男一号，错。女一号在哪里？女一号迟迟没有落笔。

师：请看屏幕。第一节，这样分对不对？第二节在这里对不对？第三节在这里对不对？第四节，见证奇迹的时候——省略号单独为一节。

（生哗然）

师：这个分法，你们在课外书中看到过吗？

生：有。

师：考倒学生的幸福感油然而生。同学们，正面例子这一部分，刚才，我们分成四节、五节。写作文，经常要分节。现在，请你做一回作家，如果让你来写《滴水穿石的启示》，中间第二部分正面例子，你准备写一节还是四节、五节。请把手放在背后，如果是一节，就伸一根手指，如果是四节，伸四根手指，如果是五节那正好，一只手全部打开。背后的答案有没有选好？

生：选好了。

师：好，准备，伸出你的手。五，四，三……在所有伸出的手里面，有一只手应该来个特写镜头，就你一个，你起立，十千万的同学。管老师这些一讲，为什么那么多同学都认为要四节、五节，唯独你，老师白忙活了，到现在还一节。

生：我觉得正面例子用一节来说，就是一个整体的，没有必要分成那么多节。

师：你说放在一起是一个整体，分开了就不整体了，是那个意思吗？

生：有一点。

师：还有其他一点呢？

生：我觉得放在整体比较好吧。

师：一种感觉，你请坐。感觉很重要，而且有自己的感觉更重要。我支持你的做法，我不支持你们。人生路上目标专一是多么的困难，管老师一忽悠，你们全部目标不专一了，你是专一的。这里就是要写一节。大家看，反面例子写一节，正面例子也写一节，这样读的人整体感更强、更清楚。分不分段，往后看看你就知道了。大家再看，如果分成四节、五节了，跟第一小节比，哪节长？

生：第一小节。

师：你有没有看过作文第一小节最长的？很少。就像是家里的卫生间和客厅，很少有人家卫生间是比客厅更大的，分不分节你还得往前看一看，分段要瞻前顾后。

师：同学们，这是议论文的经典款，四个步骤——

生：提出看法，正面例子，反面例子，得出结论。

师：也有变化的，可以三个步骤拿掉第二部分，一起读。

生：提出看法，反面例子，得出结论。

师：也可以去掉反面例子，读。

生：提出看法，正面例子，得出结论。

师：也可以这样，假设《滴水穿石的启示》我不写反面例子。我提出了看法，用三个正面例子，得到一个结论，也可以。再请您把手收到后面，做一道选择题。如果《滴水穿石的启示》不写反面例子，你认为，中间的正面例子这部分是写一节呢，还是写四节、五节呢？好，伸出你的手。我最关注的是“一亿”，今天你的代号叫“一亿”。她又变了，你为什么又不坚持了呢？

生：虽然感觉很重要，但还要根据这篇文章来提出不同的看法。

师：也就是说，最精彩的人生来自于感觉和理智的结合。

生：可以这么说。

师：你的理智在哪里？

生：既然反面例子没有了，那么正面例子就可以分段写了。

师：也就是说整篇文章的结构变了，它前面总也得有些地方跟着一起变。

生：对。

师：依然支持“一亿”。反面例子不写的话，三个例子，我会写成三节，整篇文章原来是四个部分，现在变成了三个部分。我们有一个词叫做随机应变，分段叫做随什么应变？

生：分段——随篇应变。

师：但是有个问题，你有没有发现，如果我支持了你，这个地方，它变成四节或者五节，它每一节还是比第一小节来得短，就像卫生间比客厅还来得大。

生：这个问题我注意到了。

师：你注意到了，不要仅是一种感觉，再加一点理智。慢慢来，如果是这么写的话，它还是比第一节短，怎么样呢？有没有办法把它拉长呢？

生：翻山越岭，走遍了大半个中国，访名医，尝药草，我觉得这个地方可以字数用得多一点，写他是怎样访名医。尝药草的。

师：可以写一写访了哪个名医，这个名医一下子就接见他了吗？这个名医就把他的秘方给他了吗？秘方是不给的，对吧？

生：我觉得是从经过二十几年的不懈努力这里，就是可以更加详细写一写他是怎样不懈努力的。

师：写一个不懈努力的故事。字数可以拉长。

生：他这里写的是从小立志学医，可以写一写他为什么要立志学医。

师：拉长一点不是难事吧。如果我来拉长，我这样“拉”：有一个人到李时珍那里去看病，由于家里穷付不起钱，李时珍非但不要他的医药费，还抱出了一只老母鸡，让他回家炖炖汤、滋补滋补身子。这样一写能不能拉长？

生：能。

师：可不可以？有人举起了手又放下了，你为什么不支持我？

生：我认为应该按这篇文章本来的样子去改。

师：你认为这篇文章本来的样子在哪里？

生：正面例子是说滴水穿石的目标专一、持之以恒，那个老母鸡就有点不符合他原本的样子。

师：管老师的故事离题了，主旨是写——

生：目标专一，持之以恒。

师：我跑到老母鸡、爱心上去了。同学们，今天我们学习的课文一起读。

生：滴水穿石的启示。

师：我们知道了一个奥秘，读。

生：一句话变一篇文。

师：四个步骤一起念。

生：提出看法，正面例子，正面例子，得出结论。

师：写的时候，要注意分节，分节有奥秘——

生：分段——瞻前顾后，随篇应变。

师：同时我们还知道了一个启示，读。

生：目标专一而不三心二意，持之以恒而不半途而废，就一定能够实现我们美好的理想。

师：这叫做？

生：关键句。

师：关键句里有？

生：关键词。

师：关键词有两个。

生：目标专一，持之以恒。

师：我觉得他是骗人的，我们在座的孩子、同学们，你们有没有家长或者亲戚是做医生的，有没有？

生：我奶奶是护士长。

师：你是？

生：我有一个叔叔是医生。

师：我告诉你，我有一个亲戚的堂哥是医生，他从 18 岁开始考医科大学，读书读了 4 年，现在他已经 40 多岁了，就算是 22 岁开始做医生，做到现在 45 岁，多少年了？他 18 岁开始读医科大学是不是目标专一呀？他一直在做医生从来没有做其他行当，这是不是？

生：持之以恒。

师：到今天他还是个普通的小医生，没有成为医学家。你说是不是骗人？再说我，我 18 岁就教书了，教到今天老大不小了吧，还是个普通老师，想想都是一件很辛酸的事情。你们对此有何看法呢？

生：这里的目标专一指的是，你得有很好的目标，而且持之以恒，要一直坚持地往那个目标去发展。

师：你说目标专一，这个目标不是做医生就是做医生了，上面还要有一个比如说做好医生、做最优秀的医生这样的目标。

生：是。

师：原来我应该这么想，我要做最好的老师，我才能在教了二十几年后成为好老师。

生：是。

师：三条杠，你来。

生：我觉得不应该只有上进心，我们做任何事情，光图名与利，这应该不是我们的目标，难道真的一定要去成为什么什么教授什么家，才真正算是目标专一和持之以恒的最终目的吗？

师：你说的我赞同，这叫超功利。但是孩子，功利不是错的。我想成为什么家也不是错的，你想成为什么家，为它奋斗可以，当你成为了什么家，还想更近一步，超越功利，那是人生的最高境界。我还想跟大家探讨这个话题。就算你们把我刚才的这个问题解决了，第二个话题，美国有一所大学叫做哈佛大学，知道吧？

生：知道。

师：哈佛大学经过25年的跟踪调查，调查结果发现：凡是能持之以恒二十多年的人，都会成为这个领域的杰出人才，然而遗憾的是，这个世界上只有3%的人能够坚持二十多年。3%是什么概念，我们现在是几个人？30个人在这里的，3%是多少？你的数学就糟糕了，30个人的3%是多少？0.9，就是一个还不到，马马虎虎算你们一个，就是你们三十个人当中最多只能产生一个。那怎么办呢？这是美国哈佛大学给我们的结论呢。“滴水穿石的启示”我们都背出来了，背出来有用吗？

生：不一定只有背出来才行，一定要实现在自己身上才行。

师：要去实践。

生：不要因为某一个人说什么就信他，听风就是雨的，目标专一、持之以恒不光是为了成为杰出的人才，也可以是为社会、为自己着想，而并非听从哈佛大学的结论，也可以看看那些成功的人士。

师：我以为你最后会说，也可以听从自己的召唤。

生：最后成功的人很少，但毕竟是有的。我们为什么就不能做那个目标专一、持之以恒最后实现理想的人呢？

师：为什么我就不能成为其中的3%呢？我们心里应该留下一个坚定的信念，我就是那3%。你可以，你可以，所以我希望大家背出这句号话之后留下一个数字：3%。我就是3%。

生：目标专一而不三心二意，持之以恒而不半途而废，就一定能够实现我们美好的理想。

师：你就是那？

生：3%。

师：我就是？

生：3%。

师：后面有个感叹号一起喊，喊一喊这一句话。

生：我就是3%!

师：一个感叹号，后面加两个感叹号，喊。

生：我就是3%!!

师：加三个感叹号。

生：我就是3%!!!

师：下课。

《诗经·卫风·木瓜》课堂教学实录

陈　琴

师：同学们好。

生：老师好。

师：哎呀，好醒目啊，我想问一下，平时每天上课都这样坐吗？

生：对。

师：今天能不能不这样坐？

生：不能。

师：不能！看来一个人一旦形成了一种定势，是很难改变的。就像我们读书也是一样，如果我们一旦形成了一种固定的读书方法，也是很难改变的。好，老师尊重你们保持习惯的要求。今天陈老师要带大家学一首诗歌。这首诗你们已经预习了对吧？

生：对。

师：谁来读一下题目？举手的人太棒了。

生：木瓜。

师：木瓜，整个题目有几个字啊？看到了吧？

生：诗经·卫风·木瓜。

师：你的普通话真标准，比我好，读得好。你再读一下。

生：诗经·卫风·木瓜。

师：好，我们一起来读一下，诗经——预备，起。

生：诗经·卫风·木瓜。

师：平时有没有见过这么奇怪的题目的诗歌或者是文章？你们是三年级下学期了，你们的课本里面有没有出现过这么怪的题目？

生：没有。

师：两个字点一点，两个字点一点，然后再加一个词，没有，是吧？那么预习的时候，有谁理解过这六个字吗？有没有？没有。没有问题，学习嘛，没有就没有，没有我们一起来学，等会儿就会。对了，如果你坐得不舒服，脚可以随便伸开，你知道在陈老师的课堂上，我最怕一种孩子，坐得这么正经，然后两眼虎视眈眈地看着我。我要他们坐得怎么样呢？今天我们来听课的老师，下面有我的学生家长，他的孩子上课，坐得很自如，你喜欢怎么坐就怎么坐。你看看下面的老师是怎么坐的，对，像他们一样放松，不要弄得那么紧张，对，放松来。我们只有放松了，在极度柔软的状态下，你才可以获取知识。老子说过一句话，叫“柔弱胜刚强”，知道吗？

好，没有读过这六个字，我们一个词一个词来看一下。关于《诗经》，有谁知道关于诗经的任何一点点信息？有没有？以前有没有读过《诗经》里面的诗？

生：读过。

师：哪些？

生：第一首。

师：你能读第一首，太了不起了。第一首是什么？《诗经》里面的诗，第一首是全部老师都会的，你的爸爸妈妈肯定会，叫做《关雎》。关关雎鸠，在河之洲。窈窕淑女——

生：君子好逑。

师：那看来是读过，所以呢，关于《诗经》里的一点点信息，你肯定是说得出来的，对不对？我想问一下，《诗经》的“经”字，它为什么要加一个经啊，直接是“诗”就行了吧，干吗要加个经呢？有没有想过，没有是吧？看看这个“经”是什么部首？

生：绞丝旁。

师：对，常跟“经”搭配的一个字叫纬，纬线的“纬”，是一个绞丝旁加一个伟大的伟去掉单人旁，知道这个字吧？我经常会这样讲字给我的学生听。经和纬，在古代是跟我们穿的衣服有关系，我们用织布机织布的时候，一条纵的线，要统筹整一条布，那条线叫做“经”，如果那条线断掉的话，一整条布都织不了了。纬是什么，我们现在在地球仪上面看到，有没有看过地球仪？

生：看过。

师：对了，地球仪上面有什么，经纬线对不对，打竖的条就是经线，打横的条就是什么？

生：纬线。

师：如果在一匹布上面，经线和纬线出现问题的话，这匹布是不能织下去了，也就是说经，可以把整一匹布串起来，而且它是最重要的，其位置不可替代。那么《诗经》，可见这一本书在所有的诗歌里面，它的位置怎么样的？

生：不可替代。

师：对了，是不可替代的！你说得太好了，为什么？因为这一本书从古到今都被列为四书五经里面的经之一，我们十三经后来的发展，都是围绕这四书五经的经来的，所以围绕这九本书，然后发展到十三经。以前啊，刚刚学说话的孩子就学《诗经》，学生更要熟读《诗经》。

讲个我小时候听过的故事给你们听：有一天，孔子的儿子——知道孔子的儿子是谁吗？知不知道？（学生全摇头）你们是山东人啊？山东是孔子的——

生：家乡。

师：对，孔子的家乡！连这个都不敢肯定啊？走到哪里去你都要说：我是孔子家乡的人！是谁啊，就是我们中国的大圣人，全世界的大圣人，知道吗？孔子的儿子叫孔鲤，鲤鱼的鲤，知道他的名字吗？有没有听说过？也没有。那陈老师干脆讲一讲他的故事好不好？

生：好。

师：孔鲤小时候，有一天，他的父亲站在庭院，他经过庭院，快步走过庭院的时候，他父亲说你站住！孔鲤垂首而立："父亲，有何嘱咐?"孔子说："你学诗了没有?"孔鲤回答说没有学诗，孔子说了一句话："不学诗，无以言。"如果你不学诗的话，你就不知道怎么说话，所以学诗非常重要。

孔鲤有个同学叫陈亢。有一天他问孔鲤："你父亲这么了不起，有没有私下教你很多本领啊?"孔鲤说："没有呀。只是有一天，我经过庭院的时候，我父亲跟我说'不学诗，无以言'。因而我就退而学诗。还有一天我又经过中庭的时候，我父亲站在那里，他又问我'你学礼了没有啊'，我回答'还没有学礼'。父亲说'不学礼，无以立'。于是我又退而学礼。"

孔鲤是一个好学的人，他的同学陈亢，以为孔子这么了不起，会私下里传好多好多的秘诀给他的儿子，想不到就是两个秘诀，一个就是让他学什么?

生：诗。

师：还有一个呢?

生：礼。

师：从历史文献里没有看出孔鲤一辈子有什么大的建树，可是他谦逊好学，孝亲爱子。他临去世的时候也留下一个故事。他比孔子早去世。孔鲤有一个儿子——孔鲤的儿子就是孔子的什么?

生：孙子。

师：对，叫孔汲，写了一本很了不起的书叫《中庸》。孔汲是了不起的，他写《中庸》的时候还很年轻，所以孔鲤以自己的儿子为骄傲。他觉得上比不上父亲，下又不及儿子，所以他临去世的时候，对他父亲说："父亲啊，我这一辈子都没有什么建树，跟您相比我真的是差得太远了，但是我有一件事情很了不起，你是比不上我的，就是你的儿子不如我的儿子!"呵呵，你知道什么意思啊？你看下面的老师都笑了，你们都不笑的，那说明还不理解。"你的儿子不如我的儿子"，孔子的儿子是谁啊？孔鲤。那孔子的儿子的儿子又是谁？刚才我说过的孔"汲"。——三点水一个及格的及。他病得快不行了，儿子跑到病床前来看他。他对儿子说："儿子，你真了不起，你这么小就已经名扬远方，而我一辈子都没有什么建树，但是我有一件事情比你骄傲!"是什么呢？你猜到孔鲤会对孔汲说什么？

生：你的父亲不如我的父亲。

师：对呀！他就是这么说的。这就是孔鲤传下来的笑话。不过，孔鲤的好学、学诗的这种精神传承下来了。通过他父子的对话，我们知道孔子是主张学生都要学诗。不学诗，无以言；不学诗，人不知道怎么说话。

好，这是《诗经》，《诗经》里有很多的知识。有的人一辈子皓首穷经，一辈子在研究《诗经》，但都没有研究透。如果我们用一点点时间来讲完整本《诗经》的含义，那当然是不可能的。不过，有些常识我们应该了解一下。比如，你们看，刚才这六个字里面，中间那个词是什么——卫风，对吧？有没有同学对它有疑问，什么叫做“卫风”，知道不知道？也不知道。好，可以用表情告诉我。

那么陈老师给大家看个资料，《诗经》它分为三大部分。（出示课件）这三部分谁找到了？卫风的位置在哪里？在第几部分，分为风、雅、颂三部分，卫风在第几部分？

生：第一部分。

师：对，第一部分就是这一个风字。它是什么意思呢？中国古代有很多人喜欢去民间收集一些民歌，把它记录下来，然后呈给天子看。尤其是在周朝，每一个地方的人都会有这种民歌收集官员，专门去收集民歌，你唱一首歌，有可能就会被民歌收集官员带回去给周天子听。那么“卫风”就是指卫国这个地方的一些风俗习惯，总共有十五国风。

风就是指国风，整个国民的风气，都在诗歌里面反映出来，你说多有意思。对政府不满意还是满意，唱首歌听听就知道了。我们今天就专门学卫风里的一首诗。你们之前有没有读过？

生：读熟了。

师：你们平时学一首诗歌也好，学一篇文章也好，应该分哪几个环节来学？有没有想过？哦，没有。我布置我的学生学诗歌，他们现在二年级，现在已经背了将近三百首诗了，他们能把《逍遥游》这样的长篇文章滚瓜烂熟地背出来，《老子》八十一章全都滚瓜烂熟地背下来，现在在背《中庸》，他们能把《古文观止》里面的《滕王阁序》《归去来辞》《兰亭集序》等文章都滚瓜烂熟地背下来，《唐诗三百首》已经背一百多首了，《诗经》他们也背了三十多首。陈老师教他们读《诗经》的时候，第一首诗歌就是《诗经·卫风·木瓜》，是他们一年级入学的第一个学期的第一个星期学的，你们是三年级，你们今天肯定比他们学得好，他们现在是二年级。

陈老师想问一下，如果平时你要学一篇文章，学一首诗歌，不管是语文、数学、英语，你一般分什么环节来学？学习方法是最重要的啊！有没有总结过自己的方法？哦，没有是吧？很简单，陈老师告诉你，你只要掌握三个环节，第一预习，知道吧？第二个上正课的时候专心，跟老师交流。第三个呢？

生：复习。

师：你看这就叫举一反三了。我一说你就知道了，预习、听课、复习，这三个环节是所有学习优秀的人都离不开的学习方法，明白吧？所以你们预习了，真好！谁来展示一下预习情况，把这首诗读一读？

生：木瓜，投我以木瓜。

师：把整个题目读出来：诗经·卫风·木瓜。

生：诗经·卫风·木瓜。投我以木瓜，报之以琼琚。匪报也，永以为好也。投我以木桃，报之以琼瑶。匪报也，永以为好也。投我以木李，报之以琼玖。匪报也，永以为好也。

师：能不能给点掌声，我觉得他读得很流畅，是不是？而且声音好，尤其是普通话比我标准，太感谢你啦！还有没有同学想读的？举手的同学全部读，来，诗经——预备，起。

生：诗经·卫风·木瓜，投我以木瓜。报之以琼琚。匪报也，永以为好也。投我以木桃，报之以琼瑶。匪报也，永以为好也。投我以木李，报之以琼玖。匪报也，永以为好也。

师：非常好，看来你们已经读得很熟练了。如果按照一般的情况，陈老师已经可以不教了，只是我们今天有一个新的内容要教给大家。刚才你们看我的题目下面《诗经·卫风·木瓜》，副标题是“吟诵教学”，对不对？你有没有在脑子里面打个问号啊，“什么是吟诵啊？”哦，也没有！好，那么我们今天往下学的内容，不仅仅是这么读。你知道吗？我小时候如果这样读书，我外婆会拿根棍子敲我的脑袋，她不准我这样读书的，她要求怎么读呢？要把每一个字读饱满。我们先来看，刚才大家这个字读什么？

生：匪。

师：匪，对，读慢一点，“匪——报——也”，读。

生：匪报也。

师：匪的意思就是，看注解，是什么意思？

生：非。

师：就是“不是”，记住这个字的意思了，那么整首诗，看起来他的节奏都是……你看，有没有发现，总共有几节？

生：三节。

师：格式几乎都是怎么样的？

生：一样的。

师：好，现在陈老师让大家看一下，这一组词，读出来。

生：琼琚，琼瑶，琼玖。

师：有没有发现有什么特点？

生：这三个词中第一个字都是琼。

师：都是琼，对，你的眼睛火眼金睛，好眼力。

生：这六个字都是王字旁的字。

师：都是王字旁的字，从某种程度来说，我们眼睛所见到的东西，可视的东西，我们确实能够发现了。对吧！来看一下，你看他们都有一个琼字，琼能组个词吗，以前学过这个字没有？

生：没有。

师：“王京琼”，现在我们这样说，对不对？琼是什么意思呢？琼就是美玉的意思，非常美的玉就叫琼。那么陈老师给大家看，这个王字旁，现在我们都称它为“王字旁”，六个字都是王字旁，然而，实际上我们很多人都错了，它真正的部首不是王字旁，是什么？

生：是玉。

师：你怎么知道的。

生：我们语文老师给我们讲过。

师：讲过这个字是玉啊，还讲过哪些王字旁是玉？

生：玻璃。

师：太棒了，你们都知道了是吗！你们老师太厉害了，我在全国好多地方上课，都没有多少老师告诉孩子，王字旁在古代很多时候就是斜玉旁呐！那说明你们都明白了，我来看一下，还要不要讲呢，等一下啊——（图示王、玉字形变化过程）

我们来看一下，王、玉两字之间的渊源，你能分清王和玉吗？看一下我们的汉字由甲骨文发展到金文，再到篆书，大篆、小篆，然后再到什么书，这个字认识吗？隶书。接着就是我们现在看到的楷书，那么看一下这个字它是怎么变化来的。上面这一行字，看看，有没有发现这两行字很相像？哪个是玉，哪个是王？能猜出来吗？

生：第一个是王，第二个是玉。

师：第一个是王，第二个是玉，你是怎么猜出来的？

生：我是根据第二个，下面……最后一行第一个和第二个下面都有很光滑的圆。

师：噢，你是这样猜的呀！你觉得它像王了，是吧？这位同学猜对了没有呢？你敢不敢猜一下？认为他对的请举手，有时候真理往往掌握在少数人手中。（很多同学举手）好，看一下，这个甲骨文的字形，一二三，都是三横，这一竖把它串起来；这在古代是一把大斧头，大斧头上面横了一横，然后它发展到后面，中间这一横就变短了，再往后发展，这一横和这一横，这一横往上提，这一横放在中间，对不对？看，恰恰相反，第一个是玉，第二个才是王。

这就是我们汉字的变化，老师为什么要让你们看这一组字呢？有没有想过？因为我们读了六个斜玉旁的字，如果我们都把它当做王字旁，我们汉字的渊源，我们很多时候不去追究，我们可能根本不知道。所以陈老师在班上让孩子们画一百个甲骨文的汉字，他们就开始对汉字很有兴趣啊！以后你也去画一画这样子的字，找出一百个来画一画，你会发现它跟现在的字形有多么不一样，每一个汉字穿越千年来跟我们相见，都是很不容易的，所以每个小朋友都要对我们的汉字有一点点研究的兴趣。而且你这样子再去看，它用在这首诗歌里面是有特殊含义的。我们现在来看，从斜玉旁的字一般都是这些，这两个字认识吧。

生：玫瑰。

师：然后呢，琳琅，还有现，珠玑，从王字旁的字是，这个字认识吗，闰。这个呢？

生：皇。

师：对，你看上面这一行字都是色彩非常鲜明的，有同学说，“现”字怎么是色彩鲜明呢？是玉被你看见了，玉出现了，玉石摆在你面前，像玉石一样特别美，我们说“出现、出现”，所以跟玉字旁有关的字，色彩都是很鲜亮的，而且基本上都是褒义词。一千多个跟玉字旁相关的字，现在很多在我们的《新华字典》里面都被当做了王字旁，以后不要再误会它们的含义。

玉，中国古代有一句话一直流传下来——“金银有价玉无价”，理解它的意思吗？你来说。

生：就是金银可以用钱来买，玉用钱买不到的。

师：对了，用钱也买不到的就叫——

生：无价之宝。

师：是的，无价之宝，所以它是买不到的。汉朝有一个最令陈老师敬佩的文字学家，叫许慎。他写了一本书叫《说文解字》。在这本书里，许慎这样解释玉——玉是石头里面最美的东西，它有五种品德：有仁德，你看“仁之方也”，方就是打比方，可以把它比作有仁德的人，可以把它比作有义德的人，可以把它比作有智德的人，可以把它比作有勇德的人，还有一个可以把它比作有廉德的人。所以在《诗经》里面很多篇章，只要是“君子”一出场就会有玉出场。在《诗经》里面就经常出现类似这样子的一些词语，叫做君子如玉。《诗经》是孔子在三千多首里甄选出305首，还有6首是只有题目没有内容，总共是311首诗歌。在311首诗歌里面，陈老师发现，将近有193首都跟玉有关，所以你看，《诗经》里面对玉的赞扬有多么重视，是不是？

我们来看一下，既然琼琚、琼瑶、琼玖都跟玉有关，可见这六个词实际上都是指什么东西？

生：美玉。

师：琼琚是什么呢？就是你手腕上戴的玉，我们现在把它叫作什么？对，

“玉镯”；琼瑶是什么呢？就是你戴在脖子上的玉，我们现在把它叫作“玉佩”；琼玖是什么呢？古代的人还喜欢在腰间上面坠一块大大的玉环，这个就叫什么，“琼玖”。所以三样玉都是戴在身上的。好，再来看右边这一组词，读。

生：木瓜，木桃、木李。

师：都跟什么有关，都有什么？

生：木。

师：都有一个木字，木字一般都跟瓜果花草有关系，对不对？好，如果从世俗的眼光来看，这两组词语，你觉得哪一组词里面包含的内容、包含的东西更值钱。

生：琼琚、琼瑶、琼玖。

师：因为它们是什么？

生：玉。

师：玉，是无价之宝！可是我给你一个木瓜，你就回报一块琼琚给我；我给你一个木桃，你就回赠一块琼瑶给我；我给你一个木李，你就回报一个琼玖；你想想这样子的比例，这样子的回报，投和报之间相等吗？

生：不相等。

师：那是不是这个回报的人很傻呀？那么贵的东西他都回报给别人，是不是他很傻？不是的。所以现在陈老师告诉你，我为什么让一年级的小朋友，第一个学期，第一个月要读这首诗。我们中国有一句话，我给你一个这么小的木桃子，这么大的一个木瓜，但是你回报的竟然是价值连城的玉，用一句成语来说这叫做滴水之恩——

生：涌泉相报。

师：太聪明了，这个词你们都会啊，其他的人都不会啊，都不会。以后记得，滴水之恩，当涌泉相报。什么意思？你在最困难的时候，别人用一滴水就救活了你的命，对不对，如果你在沙漠地带，别人给你一个木瓜，有可能这个木瓜就会让你怎么样啊？对，活命了！那么将来有能力的时候，你应该怎么样，不计成本地回报，这就叫做君子之风。所以一年级的小朋友过生日的时候——比如，我的女儿过生日的时候，她的同学会送她一个文具盒，下一次别人过生日的时候，她如果说：她上次送我的是一个文具盒，大概值多少钱，我这次也送她一个文具盒，要等价交换！那你们想想我这个做妈妈的会怎么劝告她？对，“不行！”但我不会这么粗暴地说她，而是会告诉她——

生：滴水之恩，涌泉相报。

师：如果用这首诗里面的诗歌呢，会用什么话来说她，知道吗？

生：投我以木瓜，报之以琼琚。

师：对了，这诗句她也会理解的。看得出来，你们也确实读懂了这首诗啦。啊？还有不理解的？好，我找一个同学来读一下此诗的意思，其他的同学来读此诗的原文。你来读它的意思吧，你坐在最前面看得清楚；你们读原文。她读一句译文——这是我翻译的白话文，你们就读一句诗的原文。明白吗？原文和译文对照读，开始。

生：您赠送我木瓜，我以玉佩回赠您。

师：我以玉佩回赠您，读。

生：投我以木瓜，报之以琼琚。

师：往下读。

生：不是为了回报您啊。

生：匪报也。

师：聪明，太好了，有人紧跟上，再往下读。

生：是希望您铭记这真情义，我们能永远相好。

生：永以为好也。

师：这么长的一句话，实际上就用几个字可以回答，是希望你铭记这真情义，我们能永远相好。用一句话就可以说出来，哪一句？读出来。

生：永以为好也。

师：对了，你看多精巧。往下读。

生：您赠送我木桃，我以玉佩回赠您。

生：投我以木桃，报之以琼瑶。

生：不是为了回报您啊。

生：匪报也。

生：是希望您铭记这真情义，我们能永远相好。

生：永以为好也。

生：您赠送我木李子，我以玉佩回赠您。

生：投我以木李，报之以琼玖。

生：不是为了回报您啊。

生：匪报也。

生：是希望您铭记这真情义，我们能永远相好。

生：永以为好也。

师：你们有没有发现，他读得好感动，然后用他的真情义带进去了，是吧，我都发现，他眼睛都有点湿湿的感觉了。确实是，读着读着的时候，你就会发现，这里面含的情义实在是太重太重了，现在理解了吗？所以读懂一首诗的意思是很简单的，对照原文你就可以把它读懂了。再难的诗歌，现在都有人帮你读懂他，都已经被翻译了，所以你对照它就可以把字面意思理解了，非常简单。

那我们现在来看一下，这一首诗，是像我们现在这样读的话，我们会觉得就已经可以了。投我以木瓜，报之以琼琚，回答我——匪报也，永以为好也。投我以木桃，报之以琼瑶。匪报也，永以为好也。投我以木李，报之以琼玖。匪报也，永以为好也。这样子读的话，还没有把诗的味道读出来。

读诗有两种境界，第一种要把它的韵味读出来。韵味是什么呢？我存一个疑问，大家带着这个疑问，等一下我会讲到，讲到哪里会有韵味。第二，要读出金石相撞的声音。这不是我说的话，是我们中国很著名的大学者曾国藩先生说的，他说读书要读到金石相撞丁丁当当，像琴声一样这么美妙的声音，才叫真正的会读诗，所以你看孔子，他把三百多首诗歌都教给他的学生。他是怎么带学生读的呢？

司马迁对他的教学方法这样概括："诗三百，孔子皆弦而歌之。"谁理解这句话，《诗经》里面有——

生：三百首。

师：三百首诗，孔子全都怎么样？

生：像歌一样……

师：你说，大胆地说。

生：像歌一样读了出来。

师：像歌一样读了出来，对，还有一个“弦”呢，“弦”是指什么？

生：琴弦。

师：对了，琴弦，就是我们古代的琴。这个琴不是现在的二胡或者钢琴，是中国最民族的乐器——古琴。对，不是古筝，古筝是后来西域过来的。古琴，孔子都用古琴弹奏出来，还唱出来。那怎么唱呢？现在大家拿起笔，把“投我以木瓜”里面的声调给标出来。不是注音，是把一、二、三、四声标出来。第一声就在那个字的前面画一条横线——还记得汉语拼音的声调吗？你们三年级了，可能一年级学习的内容好多都忘了，还记得吗？投是第几声？

生：二声。

师：我。

生：三声。

师：很好，以。

生：三声。

师：木。

生：四声。

师：瓜。

生：一声。

师：你反应特别灵敏！标好了没有？古代，我们的汉语是没有四声标示的，四声是现代汉语拼音说的。我们古代的人怎么给汉字分声调呢？叫平仄声——平声仄声：一、二声为平声，三、四声为仄声，把“平仄”这两个字写在旁边。仄是一个厂字加一个人字，人逼在里面不能出来就是仄。好，把这两个字读一遍，平——仄。陈老师现在讲了一个概念，现在普通话的一、二声在古代归在什么声？

生：平声。

师：现在普通话的三、四声归在古汉语的什么声？

生：仄声。

师：古代汉语还有一个声调叫入声，是属于仄声调里的。入声在现代汉语的一、二、三、四声字里都有，只不过我们今天学的这首诗没有，所以陈老师今天不讲入声，就讲平仄声。那么现在怎么读它呢？

生：投我以木瓜。

师：你想这样子读，是吗？你为什么这样读？

生：因为拼音……

师：你就感觉到应该往上走的，对不对？很聪明！来，看到这些符号没有？你看我给它们标的线，有没有发现，红色的线怎么样？

生：长。

师：黑色的线。

生：短。

师：长线标在什么声调上？

生：平声。

师：短的线呢？

生：仄声。

师：好眼力啊！那怎么读呢？每一个字你都读得很饱满！我给你一个规则，平声读长，仄声读短；短，我们通常用这个（出示课件）“｜”符号来表示，用一个短竖来表示，平声我们把它读长（出示课件）“——”。但每一个字都要读得很饱满，什么叫饱满，不能“投我以木瓜”这样就滚过去。如果你们称呼我，陈老师，对不对，我们就这样一个字一个字地读，《弟子规》教我们“凡道字，重且舒。勿疾急，勿模糊”，把每个字都读完整。我们来试一下，平声读长，可以举起手——（对一学生）你现在脚可以放开了，把脚打开了，不要紧紧缩着，放开来。

好，举起右手来，我们试一下，凡是平声我们打（出示课件）“——”，凡是仄声我们打（出示课件）“｜”，当然你也可以按照声调来读，平声的一声平平走，二声往上走，仄声的三声转个弯，四声打下来，来试一下。

师：投——还不够长，这样就不够长，再长一点，投，你既然要长，就要气沉丹田，要把气压多一点在这里，投我以木瓜，有没有？声音打开来，来——预备，起，投我以木瓜。瓜，读出来。

生：瓜。

师：把它拉长。

生：瓜。

师：再拉长一点。

生：瓜。

师：瓜。

生：瓜。

师：好，我们一起来，预备，起，投我以木瓜，会了吗？你练一下。第二声尤其这个手要上去，把手举上去，预备，起。

生：投我以木瓜。

师：好，气不断掉，行不行？连起气来。

生：投我以木瓜。

师：看，老师们都表扬你了，太棒了。那我们现在这一节主要记住平仄声，下面“报之以琼琚”，会区分平仄吗？报，平还是仄，之，平，以，仄，琼琚。

生：平。

师：两个都是平，两个或两个以上的平声在一起，那怎么办呢，每一个都要读长吗？不行，注意逻辑重音要读长。什么叫逻辑重音？比如：说开门，两个都是平声。如果我说开门，哪一个是重音？门。写字，哪个是重音？

生：字。

师：对，读书？

生：书。

师：我们的汉字里面双音词，第二个字是逻辑重音；一个词两个都是平声的话，第二个字要读得长一点。比如说矿泉水，要读成矿泉——水，就这样读，如果是“矿泉水”就变调了，一定要读完整。“报之以琼琚”，你读一下。

生：报之以琼琚。

师：很好，就是这个调式。

生：报之以琼琚。

师：好，两句连起来你看发生什么变化。投我以木瓜，听一下，投我以木瓜，报之以琼琚。跟你平时读有什么不一样？

生：这像是唱的。

师：像是唱的，弦而歌之，本身就是唱的，只不过这个唱是有规则的，跟一般的唱歌不一样。一般的唱歌呢，不讲究平仄，不讲究平长仄短，也不讲究每一个字要读它的原音，叫依字行腔。我们的吟诵就不是这样，吟诵就是每一个字读它的原音，如果你唱歌的话，我们会唱一首歌叫“春眠不觉晓，处处闻啼鸟”。读的时候不应该这样读，因为古代的人写完诗以后，他要读给别人听啊，如果你把字读倒了，人家都听不懂，不像现在我要看着你的字我才知道，古代写诗写下来，他没有这么多印刷品，看不到，那怎么样，读给你听。所以白居易读给他的邻居听，邻居说这个字我都不懂，你用的什么字？他回去要改，要读懂，如果把春眠不觉晓读成“春 miān bū juē 晓”，处处闻啼鸟就变成了“出出问题鸟”——出了不少有问题的鸟。是不是？如果读应该怎么读呢？“春眠不觉晓，处处闻啼鸟。”对了，你都跟得住了，就是这个意思，就要按照每一个字读它本来的音。比如说你读矿泉水，你就一定要读成矿泉水，读桌子呢？

生：桌子。

师：写字怎么读？

生：写字。

师：走路怎么读？

生：走路。

师：读书呢？

生：读书。

师：“读”是入声字，要读得很急促，你们今天没有学到入声字。文具盒怎么读？

生：文——具盒。

师：对了。喝水怎么读啊？

生：喝——水。

师：聪明！你看平声就出来了，仄声就出来了，把平声读得长，仄声读得短。还有一个最重要的，押韵的字要拖音，就是把气吐完。这就是韵字的味道，形成跌宕感、回缓感。我们常讲诗歌要有韵味，其实就是押韵那个字的味道。知道什么叫押韵吗？

生：就是两句话里，每句话里面最后一个字韵母是一样的。

师：诗歌里面的最后一个字的韵母相同的，平仄声也相同的，这就叫做押韵的字。平仄不同，韵母相同也不叫押韵，知道吧？我们读：春眠不觉晓，处处闻啼鸟。夜来风雨声，花落知多少。哪些字是押韵的？

生：晓。

师：还有呢？

生：鸟。

师：还有呢？

生：声。

师：声是押韵的吗？

生：少。

师：少，对了。那么，看看《木瓜》这首诗里：匪报也，永以为好也。有韵字吗？“也”，对，这里是同字韵。这种同字韵在《诗经》里面很多，同一个字押韵，它不变字，不仅仅是韵母相同，整个字都相同。

好，那为什么要把韵字的音拖长呢？在古诗文的吟诵中，所有的叹词，比如说“啊，呃”这些叹词，还有“之乎者也”，还有押韵的字全都要拖音。拖音是为了强调，为了增强它的感情色彩，拖音有时是为了你换气，把上一句的气读完，下一句再来读。这种方法、这种读书法一直到一百年前慢慢少见了。我们在鲁迅先生的《从百草园到三味书屋》里，看他写自己的老师是这样读书的：“先生自己也念书，后来我们的声音变低下去了，静下去了，只有他还大声朗读着。然后怎么朗读呢？铁如意，指挥倜傥，一座皆惊呢（出示课件）∽∽。后面跟来了一个如此奇怪的符号，看到没有？你们平时写作文有没有这种符号？

生：（笑）没有。

师：我们很多人都不知道这个是什么符号。后面“金叵罗，颠倒淋漓噫，千杯未醉嗬……”我的中学老师告诉我，这是个省略号。结果呢？我们都理解错了。因为实际上不是，那是什么呢？他的老师在这里拖音了，他强调“嗬，呢”这些字，就拖长音读。鲁迅不知道怎么表达他的那个拖腔的音，他就用这么一个符号来表示，实际上这就是拖音的符号。

现在看，这个“也”字也是一个押韵的字，我们怎么样来把它读好呢？“匪”实际上第几声？

生：三声。

师：所以它是什么声？

生：仄声。

师：“报”什么声？

生：仄声。

师：“也”什么声？

生：仄声。

师：“也”是仄声，可这个仄声不能读短，要读长，为什么？因为它是押韵的字，所以韵字拖音。永以为，“为”什么声？对，平声。“好”呢？仄声。两个“也”字，形成一个韵，最后一个字怎么读，你看在韵字下面多了一条波浪线吧？就是要把韵字读出“余音绕梁”的感觉。听陈老师怎么读这一句，两个仄声，三个仄声在一起还加一个韵字，听，“匪报也，永以为好也”，气吐完了吧？你的气吐完了没有？好不好玩？好玩就再来。把手举起来，我们一起来，预备，起。匪报也，永以为好也。如果你读到永以为好也，把气突然闭合，断掉了，你的气还在肚子里面，是不是？你要对人家表达深刻的感情，一定要怎么样？舒展你的气息出来。现在会读了吗？我们一起来一次，好不好？就最后这一句，预备，起。匪报也，永以为好也。永以为好也，跟你的读音是一样的，不能读成“庸衣危耗也”，那就变成倒字了。唱歌可以倒字，但读书不行，要字正腔圆，依字行腔。

好，整句连起来试一下——投我以木瓜，报之以琼琚。匪报也，永以为好也。好，连起来再来一次，谁来试一下？

（对一生）我带一带你，敢不敢？老师们肯定要跟你们一起学的，来试一下。

生：投我以木瓜，报之以琼琚。匪报也，永以为好也。

师：太棒了，对，你不用按照陈老师的调，可以按照你的调，知道吗？我的一个好朋友曾经笑我，汪秀梅老师，非常优秀的名师，跟我是最好的朋友，她说这个陈琴啊，没有一首歌她是会唱的，而且没有一首歌她能唱得完整，每唱一首歌都跑调，可是，一吟诵又好像特有味。中国吟诵协会的秘书长徐健顺老师在旁边说："唱歌跑调就是吟诵。"（全场"哈哈"笑声猛然爆发）所以你要大胆跑调，不用担心的。我们一起来一次，像他一样，把手举起来，按照声调读，第二声往上走，第三声拐着读，第四声打下读，第一声平着读。来，预备，起。

生：投我以木瓜，报之以琼琚。匪报也，永以为好也。

师：真好！下一段试一下。

师：会读了，我们看一看，依字行腔气息匀。刚才这一位同学就是"投"读得非常好，我，可能是山东人的口音，不一样，"木瓜"怎么读？

生：木瓜。

师：那么"木桃"怎么说。

生：木桃。

师：你怎么读呢？举起手来试一下。

生：投我以木桃。

师：太聪明了！桃是什么音啊，什么声啊？

生：平声。

师：对了，要拉长。"报之以琼瑶"怎么读？

生：报之以琼瑶。

师：很好，匪报也。

生：匪报也，永以为好也。

师：站起来给大家看看，这是谁，叫什么名字。

生：张天一。

师：好，我们掌声鼓励他，太棒了，请坐下。第三段来，第三声啊，看看，"木李，琼玖"，来了个第三声，前面都是第二声，怎么突然来了个第三声？你读就知道了。来，我们试一下，投我以木李。拖音吗？"李"字要拖音吗？不拖。为什么，因为它是什么声？仄声。投我以木李，报之以琼玖。对，聪明。匪报也，永以为好也。最后一句再来一次。匪报也，永以为好也。你们的气还吊在上面，要把它滑下来，因为要收音了呀！

我现在想问一下，为什么第一句“投我以木瓜”平声，第二句“投我以木桃”平声，突然来了第三句“投我以木李、报之以琼玖”来个仄声呢，仄声是要短的啊，为什么呢？你看你读短的时候，你的心会怎么样，会很紧张，不能舒缓，就是你一而再再而三，用这么厚重的回报回赠给我，我心里怎么样啊？心里会很忐忑，很不安。所以，有推辞的感觉，是不是？我们一起来，两段连起来好不好，能不能从第一段连起来？

生：能。

师：可以，太好了，喜欢你们。投我以木瓜。预备，起。

生：（吟诵）投我以木瓜，报之以琼琚。匪报也，永以为好也。投我以木桃，报之以琼瑶。匪报也，永以为好也。投我以木李，报之以琼玖。匪报也，永以为好也。

师：最后一句，跟我来一次：匪报也，永以为好也。好，我们这一首诗是有一个礼仪的，是一首献礼词。有一个剧作家把它编成了一个手语，他这样子来说，（教礼仪动作）投我以木瓜，报之以琼琚，琼琚放在手心里，那么小。然后，匪报也，以后记得，男孩子是左手在前，左为乾，就是天，右手在左手手心里；女孩子是坤，就是地，右手抱左手，然后由内向外做推辞状的姿势——“匪报也”，天长地久状——“永以为好也”。鞠躬，第一次是30度的鞠躬，第二次永以为好也是多少度的？60度。第三次呢？90度，表示特别的珍贵。

来，我们一起试一下。（师生吟诵且做动作）

投我以木瓜，报之以琼琚。匪报也，永以为好也。投我以木桃，报之以琼瑶。匪报也，永以为好也。投我以木李，报之以琼玖。匪报也，永以为好也。

师：最后一句，我们转向老师，给他们说一句“匪报也，永以为好也”。好，坐下，孩子们，你们表现太棒了，整首诗的吟诵，你可能还不会很熟练，但是要敢于大胆地去跑调。

现在要解决一个问题：为什么要这样读？根据是什么？中国人什么时候开始不这样读书的呢？我们在故宫博物院里面找不到一张现在这样朗读的图，全是这种某某行吟图，某某吟诗图——（出示“吟诵的历史”图谱）看，屈原写《离骚》的时候是一边走一边吟的，他不是拿个本子一边走一边写，他是把全部吟诵出来的诗句记在脑子里面，回家再来写的。所以我们读《红楼梦》的时候，贾宝玉跟林黛玉她们一起做诗的时候书中写道，宝玉笑道："今日持螯赏桂，亦不可无诗。我已吟成，谁还敢作呢?"说着，便忙洗了手提笔写出。看，是先吟后写呐！那么屈原也是这样，他写《离骚》的时候，"帝高阳之苗裔兮，朕皇考曰伯庸——"全部把它吟诵出来，然后回去写，所以叫"行吟"呀。看"诸葛亮行吟图，贾岛行吟图，李清照行吟图"……你看这一张，李清照写诗，我们现在以为她铺开纸就在那里写，不是，她是先吟诵好了，然后再写下来。所有的诗歌，所有的诗人都是这样的，一直到最后一位从私塾里走出来的老先生，像柳亚子，也是用吟诵的方式读书的。你有没有听到毛泽东在天安门广场上说话的时候，他不是像我们现在这样一字一顿地喊"中华人民共和国成立了"，他怎么读的，知道吗？中华——人民——共和国，你看后面两个字很快收回来，就是用了他私塾先生教他的调，他一辈子都改不了了。就像你们一样坐习惯了，总是这样正襟危坐，觉得这样子舒服，已经习惯了。我的学生，如果我上语文课，这样坐一节课，他们觉得累死了，他们会放得很松，手舞足蹈地读书。

所以徐健顺老师说，在一百年之前，没有一个中国人会朗诵。我们的诗文从先秦开始，诗词文赋都是吟诵的，是唱出来的，因为我们的每一个汉字都是音符。以前啊，我们中国没有贝多芬，没有巴赫，没有出名的作曲家，我们甚至没有一张乐谱，但是我们有这么多的诗歌，却没有人歌，只会去读他的诗，多可惜啊！只会像读外语一样来读我们的诗歌，读得干巴巴的。诗词文赋呀，应该吟诵。吟诵是汉语的传统的唯一诵读方式。

那么这个说法对不对呢？我们看我们的老先生们，他们是怎么读书的。这位是我们中国著名的叶嘉莹先生，你看她读诗歌，听一下。(视频：叶嘉莹先生吟诵)

以前有没有听过这样的读书，没有是吧？她不是读成"今夕复何夕，共此灯烛光"这样一字一顿，而是"人生不相见，动如参与商。今夕复何夕，共此灯烛光"，是这样像唱歌一样的。我拜访过一位著名的老学者，他的名字叫南怀瑾，大家看一下南怀瑾先生是怎么读书的。南怀瑾先生当年是93岁，他 95 岁去世的。我见到南师的时候，请教他："南师啊，为什么您老在书里面说，我们现在读书，小学读过的中学忘记了，中学读过的大学忘记了，不像我们小时候读书读到肠子里去，读到肚子里去，一辈子都忘不了，五六岁读过的书，到 90 多岁一提还能背出来。"真的耶，我一说杜甫的《兵车行》，南老就马上"车辚辚，马萧萧。行人弓箭各在腰……"像唱歌一样背出来了。而且是每说一篇文章他都能背出来。于是，我追问他："可我们为什么读过就忘记了呢？你们小时候到底是怎么读的呢？"他就说我们是这样读书的。（视频：南怀瑾先生吟诵）

你知道他在读什么诗吗？没有听过是吧？他在读"清明时节雨纷纷"，读得跟我外婆小时候教我的一样："清明时节雨纷纷，路上行人欲断魂。借问酒家何处有，牧童遥指杏花村。"也像唱歌一样，好玩吧？我们现在是这样读的，清明时节雨纷纷，路上行人欲断魂，断魂了没有，没有，笑嘻嘻的，对不对？你看南怀瑾先生读的（出示课件）"清明——时节雨纷——纷——"，一波三折的，情绪都在字音里，读得多令人感动。这样读书还有一个好处，就是可以让我们记住很多很多的文章，比如说陈老师的学生，大家看看一年级的时候他们背下的诗词有多少。（出示书目表）六年的时间要背这么多的书，全都要背得滚瓜烂熟，《老子》刚刚背完，你只要说《老子》第七章，他就马上说"天长地久。天地所以能长且久者，以其不自生，故能长生。是以圣人，后其身而身先，外其身而身存。非以其无私邪？故能成其私……"一直到《老子》第八十一章，是这样的，有机会可以跟你们交流一下。最重要的是看他们读书会很快乐，他们一点都不累。大家看看他们是怎么读书的。（视频：《出塞曲》）

没有人教他们排练，他们自己选的朗诵的诗歌，所有的动作不统一的，都是按照自己的理解来的，所以放开。不要坐得那么规整，用力气把自己包裹得紧紧的，端正而不呆板才好！古代的人读书是摇头晃脑，我们男孩子就是要动起来的啊。这个是我们班上考试倒数第一名的，他最厉害，他表现欲很强，他能背《中庸》《大学》《长恨歌》，很多很多的文章背下来，但是考试倒数第一名，陈老师从来不批评他。

看一下，有老师在笑，他们在笑什么呢？一定是会心一笑。这样子读书，你会发现不累，而且会很快乐。看，这样的诗也可以像唱歌一样来读的。（出示课件《假如生活欺骗了你》）我一年级的时候给我们的小朋友读这首诗。因为他们每天都来告状，一进学校就说“老师，谁又打我了”“老师，谁刚才偷了我的橡皮”“老师，谁又怎么怎么样……”小朋友有讲不完的麻烦，老师有审不完的“官司”。我只好教他们这首歌，自己解决麻烦。怎么教？如果我这样一词一顿地读：“假如生活欺骗了你，不要悲伤，不要心急！”他们刚开始会很喜欢，过两天就会忘了，可是我这样读给他们听，（吟唱）——假如生活欺骗了你，不要悲伤，不要心急！忧郁的日子里需要镇静；相信吧，快乐的日子将会来临。心儿永远向往着未来，现在却常是忧郁。一切都是瞬息，一切都将会过去；而那过去了的，亲爱的呀，将会成为……最后一句你们读。

生：亲切的回忆。

师：对了，你看就会自己作曲啦！所以每一个中国人天生就是作曲家，陈老师没有上过一天音乐课，不会认五线谱，不会认简谱，因为读诗读多了，每一个文字拿到面前，就像歌一样流淌出来了。你们以后也会这样的。这节课就上到这里，我们下课吧。

生：啊?！这么快！

师：还快呀?！大家应该累了，下课吧。

生：不累！

师：那还上什么呢？再把这首《木瓜》吟诵一遍吧。

生：投我以木瓜……（配动作吟诵）

师：来，面向全体老师，“匪报也”——

生：匪报也，永以为好也。

师：下课。

《寓言两则》课堂教学实录

戴建荣

师：知道我为什么要采访你吗？

生：不知道。

师：你们知道吗？

生：不知道。

师：因为在台上的这10分钟里你是往台下看的次数最多的，你一会儿看台下，一会儿看投影，你这是在想什么呢？谁知道他在想什么？你听，如果想到你心坎里你就点点头好吗？来。

生：他在想这里的人真多啊。

师：废话。是你想的吗？我都知道肯定不是。这么简单的问题他能这么想吗？你来。

生：我觉得……

师：他说话比你有水平。他说我觉得，而你是怎么说的啊？他在想，这么肯定地说他，他肯定不会承认的。

生：我觉得他在想这里的人这么多，我戴着眼镜看不清楚，我要多看一会儿。

师：后面的人看不清楚，所以才要看看投影，是这儿，是吗？你是这么想的吗？更不是。还有谁来猜？你来猜。

生：我觉得他在想这里怎么来了那么多人啊？

师：是啊。是这么想的吗？他怎么能猜得这么准呢？原因是？

生：他是我的朋友。

师：你看，为什么我把他放在第三个来猜，你知道吗？

生：不知道。

师：这还不知道？第三个就是最后一个。请坐。是不是第一次在这么多老师面前上课？

生：是。

师：但是千万别害怕，他们和你们平时上课的老师是一样的，今天的课我要求要像刚才发言的同学那样，声音要响亮，用词要准确，观察要仔细，能做到吗？

生：能。

师：你说能的时候不看着我，就是在告诉我不能。能不能？

生：能。

师：别吼，告诉我能就可以了。能不能？

生：能。

师：上课。……难道班长没来吗？谁是班长？举手，果然没来。

生：老师，我们班没有班长。

师：好吧。那就请副班长。

生：也没有。

师：那好吧，就请你当我的班长吧。就是你，记住了吗？待会儿下课的时候还要喊一声起立，明白了吗？上课。

生：起立。

师：不太像班长。这个时候声音要响。再来。

生：老师好。

师：这三个字不能这么说。听我说。老师，好。

生：老师，好。

师：咱们中国的语言是有节奏的，更要讲究音韵的，再听我讲，老师，好。

生：老师，好。

师：注意我的表情，你又在看台下。注意我的表情，老师，好。

生：老师，好。

师：这个女孩特别漂亮，美就美在她笑得美。再来，老师，好。

生：老师，好。

师：同学们，好，请坐。今天咱们一起来学习一则寓言故事，谁知道这则故事的名字？

生：揠苗助长。

师：预备，起。

生：揠苗助长。

师：又来了，这四个字不能这么唱出来的，揠苗助长，起。

生：揠苗助长。

师：揠苗助长。

生：揠苗助长。

师：会说会念，会写吗？来我们一起来写这个揠字。伸出右手指和我一起写。什么结构？

生：左右。

师：左边是提手旁，提手旁的字要写得窄一点，好，预备，起。右边特别关键，最后一笔叫竖折。预备，念。

生：揠。

师：听我念，揠。

生：揠。

师：揠。

生：揠。

师：念得要轻快，就像平时说话一样，预备，念。

生：揠。

师：再念。

生：揠。

师：揠。

生：揠。

师：揠。

生：揠。

师：什么叫揠？你说。

生：拔。

师：还有别的意思吗？

生：拔或者拉。

师：拉？我头一回听到。

生：我觉得是……

师：我觉得你又急了，汗都出来了，请坐。除了拔就没别的解释了吗？同学们，“揠”真的就是拔的意思吗？

生：可以说是帮倒忙的意思。

师：帮倒忙，你总是想帮我忙，但是帮出来的结果往往是帮倒忙。同学们，特别是你听好，我们一定做过一个游戏，叫拔河。没做过的请举手。你竟然没空做拔河的游戏。好吧。我们一起来告诉他，拔河这个游戏怎样才算赢。你说。

生：绳子中间绑上一个东西，那个东西靠哪边，哪方就算赢。

师：那个东西其实不是一个特别难说的东西，无非就是红绳子，对吧？

生：对。

师：那你刚才为什么说是那个东西呢？一根粗绳子，中间绑一根细细的红绳子，这个红绳子过哪边的线，哪边就算赢。也就是说拔河比赛要赢，得拔过这根线。爱读书的孩子一定读过我们中国一部非常有名的小说，叫《水浒传》，读过吧？

生：读过。

师：发生在哪里的故事？

生：梁山。

师：也就是咱们山东这个地方，是吧？里面有个大英雄块头特别大，就叫鲁……

生：鲁智深。

师：没错。其中有一个章节叫鲁智深倒拔？

生：杨树。

师：鲁智深倒拔？

生：垂杨柳。

师：这个女孩聪明，给她掌声。读书不能光读过就算，还得记住，知道吧。鲁智深倒拔垂杨柳这个章节里面，鲁智深居然把杨柳树给？

生：拔起来了。

师：说明他把杨柳树的根都？

生：连根拔起。

师：这两个地方都用拔字，说明他们都要过这根？

生：线。

生：土。

师：对极了，而今天咱们揠的是什么？预备，起。

生：苗。

师：他揠苗的原因是干什么？说。

生：助长。

师：所以你认为他会把他的苗的根揠出土吗？

生：会。

生：不会。

师：为什么不会，告诉他。

生：因为拔的时候有可能用力过猛，把根拔断。

师：拔断的话这根苗就？

生：死了。

师：对啊。你这家伙就是不能静下心来思考。来，所以把这四个字，念给咱们听。

生：揠苗助长。

师：就你没读，预备，起。

生：揠苗助长。

师：在这个苗字后面要停一停，揠苗助长。

生：揠苗助长。

师：揠苗助长。

生：揠苗助长。

师：这当然是在念这四个字，但是同学们我们知道，揠苗助长这个故事是发生于我们山东这个地方的。当初它是一个故事，故事要讲给别人听的，谁能把这四个字像讲故事一样讲给别人听呀？谁来讲？你来讲。

生：揠苗助长。

师：不爱听。

生：揠苗助长。

师：更不想听。

师：好，你最后一位了，你来讲。

生：揠苗助长。

师：一般般。听我讲，怎么讲，听好。揠苗助长。怎么讲的？谁听懂了。

生：揠苗助长。

师：你语气有点像了。还有谁再来讲？

生：揠苗助长。

师：只有语气啊，你看这个男孩子肯定聪明的，预备。手别拿书。

生：揠苗助长。

师：哎哟，脑袋升上去干什么呀？手呀。

生：揠苗助长。

师：可以，还有谁来讲？你来。

生：揠苗助长。

师：不错，但你揠苗这个动作没有做给我们看，再给你看一遍。揠苗助长。

生：揠苗助长。

师：会了吧。预备，起。

生：揠苗助长。

师：预习过课文了吧？熟读了没有？底气不足，熟读的同学一定知道，这篇课文有几小节？手势告诉我。快。还要去数啊。以后注意，预习的时候读一节标一节。四小节，没错。接下来我要请三位男生读第一、二、三小节，一位女生读第四节。其他同学一边听他们读准确了没有，一边思考戴老师为什么要让男生读等下前面三节，女生读第四节呢？来，先请男生读一、二、三小节，第一节比较难读，因为这一节里面有很多的多音字，谁来念呢？好吧。你来念，注意课题。

生：揠苗助长。

师：你刚才是不是睡着了你？怎么念书的？揠苗助长。

生：揠苗助长，古时候有个人盼望着自己田里的禾苗长得快些，天天到田边去看，可是一天、两天、三天，禾苗好像一点也没有长高，他在田里焦急地转来转去，自言自语地说，我得想办法帮它们长。

师：他是不是把所有的多音字都念准了？是吗？

生：是。

师：尤其是有一个词叫转来——

生：转去。

师：把这个词再念一遍给我们听。

生：转来转去。

师：齐。

生：转来转去。

师：你一拖音，大家都拖音。应该是转来转去。

生：转来转去。

师：你声音别提得那么响，嗓门一响肯定不会快了，转来转去。

生：转来转去。

师：再压低一点。转来转去。

生：转来转去。

师：我知道你不但会念这个多音字，你还知道这个词的意思。什么叫转来转去。做给我们看。再想想，这么简单的词，他不会转吗？转来转去。对了吧。对了，有进步，再转得幅度大一点。这胆小鬼。谁胆大，女孩子都可以。准备，起。

生：转来转去。

师：不对，那叫转来转来。现在要转来转去。

生：转来转去。

师：听到了吗？太好了。明白了吗？

生：明白了。

师：第二节也难读，因为里面有一个生字，谁来读？好吧，你来读。

生：一天，他想出了办法。

师：读书一定把书拿起来。

生：急忙跑到田里，把禾苗一棵一棵往高里拔，从中午一直干到太阳落山，弄得精疲力竭。

师：还行，第三节谁来念呢？你来念。

生：他回到家里一边喘气一边说，今天可把我累坏了，力气总算没有白费，禾苗都长高了一大截。

师：听到目前为止，你算是念得最好的了，请坐。不错。男孩子的任务完成了，最后一节请一位女孩子来读。这么多女孩都想读，那咱们一起读。预备，起。

生：他的儿子不明白是怎么回事，第二天跑到田里一看，禾苗都枯死了。

师：都念好了，没错。为什么要男孩念一到三节，女孩读第四节呢？谁思考过这个问题？你说。

生：第一到三节他需要……

师：没想好，谁想好了？

生：因为第一节和第二节都能表达出非常着急，所以要男生读，非常注重语气，而第三自然段对话多也要注重语气，所以也让男生读。

师：也就是说尽管这样，第一、二节和第三节有区别的，对吗？

生：是。

师：你无情地把第三位男同学撇到另一边去了。请坐，没说对。还有谁再来思考到底什么原因？你来试试。

生：因为第一节和第三节都是……

师：都是这个词用得非常好，有一个共同点。

生：都是他为禾苗想办法往上拔。

师：这个他是指谁？

生：种田的人。

师：用书上的话告诉我，就是古时候？

生：有个人。

师：对不对？

生：对。

师：对极了。请坐。一到三小节都在写一个人，这个人的名字用书上的话，告诉我，就叫？

生：古时候有个人。

师：听我说，古时候有个人，起。

生：古时候有个人。

师：古时候有个人。

生：古时候有个人。

师：所以请同学们在第三节后面画上两条小斜线，在第四节的后面画上两条小斜线。那么如果说一到三节在写“有个人”，第四节在写谁呢？你说。

生：在写他的儿子。

师：聪明极了！这就是书上的原话，也就是告诉我们，这则寓言里面写了两个人物，第一个人物写的是有个人，第二个人物是他的儿子。谁是主要人物啊？有个人。好吧。熟读过课文的同学，请你用一个字来告诉我，这“有个人”最大的特点是什么呢？只能用一个字概括。你说。

生：傻。

师：因为？

生：因为他不知道怎样种田是对的。

师：所以他傻，好的。一个字，傻。还有不一样的吗？

生：急。

师：因为？

生：因为他急于求成。

师：请坐。还有不一样的吗？没了。好吧。有人说他傻，有人说他急。咱们就先用哪个？急。就先用这个“急”，如果待会儿学着学着我们觉得不妥当了再来改，好吧。我们身边有没有这样急性子的人啊？有吧。

生：有。

师：你指着他干吗？有没有写过这样的急性子？没有，因为我们不知道该怎么写，对吗？今天的课学完了，你就知道怎么写这种急性子了，好吗？好。不看别人。虽然他是个急性子，你知道我也知道，但台下的老师不知道。好，拿起书本看看第一节是怎么写这个急性子的。预备，起，古时候。

生：古时候有个人，盼望着自己田里的禾苗长得快些，天天到田边去看。

师：如果在第一句里面让你圈出些词来，告诉我们用上怎样的词就能写出他是个急性子了。那么哪些词将会被你圈画出来？开始圈。圈好了。好的。谁来告诉我们？你说。

生：盼望。

师：圈到了吗？

生：圈到了。

师：没有圈到的就把它圈出来，为什么你觉得“盼望”能体现急？

生：因为……

师：以后要知道圈到词还得思考为什么，知道吗？你听别人的。有谁也圈到盼望的，有吗？好，你来说，为什么“盼望”能体现急。

生：因为他的禾苗总是长不出来，所以他很急。

师：这个叫答非所问。为什么“盼望”这个词能体现他是个急性子？你说。

生：因为他盼望禾苗快点长，所以就天天过去看。

师：是，一般的人都是用天天去看禾苗，而他用了一个——

生：盼望。

师：盼啊，望啊。对不对？

生：对。

师：说明这个词本身就含有？

生：急。

师：对啊。也就是我们写急性子就要用急的词，明白了吧。

生：明白。

师：好，这一句里面还有谁圈哪个词的吗？你来说。

生：天天。

师：为什么？

生：因为他很想让他的禾苗长得快一些，所以每天都去看一下，他的禾苗有没有长。

师：是啊，一天去看不算急，两天去看？

生：也不算急。

师：非得要？

生：天天。

师：是啊。所以这句话该怎么读知道了吗？预备，起。古时候有个人。

生：古时候有个人，盼望着自己田里的禾苗长得快一些，天天到田边去看。

师：后面还有哪些词、急的词能体现他是个急性子的呢？继续圈，继续读，开始。我看谁的速度最快。好，谁来？你来。

生：转来转去，焦急。

师：她说的词都圈画下来。还有吗？没了，好，他找到了两个，一个是转来转去，一个是焦急。我们把这个焦急写到黑板上来。因为他内心焦急，所以他在田里面——

生：转来转去。

师：这就是抓住他的动作来写出他是个急性子，还抓住什么来写的，谁找到了？你来。

生：语言。

师：说。

生：自言自语。

师：说。

生：自言自语地说。

师：说呀。

生：我得想办法帮它们长。

师：这个急吧。你读得我都急坏了。谁来念？

生：自言自语地说："我得想办法帮它们长。"

师：不急，不急。自己在田里，快点，自己念一念。好，谁来？这个男孩子出来。准备好。古时候。预备，起。

生：古时候有个人，盼望着自己的田里的禾苗长得快些，天天到田边去看，可是一天、两天、三天，禾苗好像一点也没有长高。他在田里焦急地转来转去，自言自语地说，我得想办法帮它们长。

师：有点意思吧。但是讲故事还不行，谁来讲给我们听呀？刚才说了，讲故事要有动作的。谁行？你来。讲故事是很光荣的事情，准备好，想好什么地方用什么动作，好吗？古时候，预备，起。

生：古时候。

师：你看古时候这一点就来劲了。

生：古时候有个人，天天在田里盼望他的禾苗长得快些。

师：这个故事听得肚肠都断了。古时候有个人，盼望着自己田里的禾苗长得快些，天天到田边去看。预备，起。

生：古时候有个人，盼望着自己的田里的禾苗长得快些，天天到田里去看。可是一天、两天、三天，禾苗好像一点也没长高。他在田边焦急地转来转去，自言自语地说，我得想个办法帮它们长。

师：这个故事怎么写生动，怎么写这个急性子？其实就是抓住了这个人的语言、这个人的行动，也就是我们说的动作。所以写急性子就要用急的词，就要抓住他急的语言、急的动作，明白了吗？

生：明白。

师：那么第二节和第三节又是怎么写的他急性子呢？默读，圈画，开始。圈好了，第二节、第三节两节连起来圈，圈好了就读一读，找到急了能读得急吗？读得急了能讲得急吗？练一练。好了吗？来，谁来说。第二节。你来。

生：一个是急忙。

师：急忙都圈到了吗？

生：圈到了。

生：还有一个是“一棵一棵”，还有一个是“一直干到”。

师：都圈好了吗？有的同学没圈到，好的，“急忙”这个词我们要把它写上来的。来看着这个词念，急忙。

生：急忙。

师：急忙。

生：急忙。

师：说明他的心里依然焦急，多了一个忙碌，那么那个同学请你告诉我，这个人在忙着干什么呢？预备，起。

生：一天，他终于想出了办法。

师：他在干什么？他在忙什么？你说。

生：他在把禾苗往高处拔。

师：一天，他终于想出来了办法。你看，就这一句话里面他在忙什么？你告诉我们。

生：忙着施行他的计划。

师：他就在想办法，对不对？

生：对。

师：同学们，你们不要把简单的事情想复杂了，老去想这个故事，这句话就在告诉我们，这个人整整一天都在想办法，第二句，读下去。

生：他急忙跑到田里把禾苗一棵一棵往高处拔，从中午一直干到太阳落山。

师：好的，他在忙什么？这回知道了吧。

生：他在忙着把禾苗往高处拔。

师：刚才是想办法。三个字，这会儿是在？

生：拔禾苗。

师：不能用拔。

生：揠禾苗。

师：第二件事情，第三件事情还有嘞？继续念。

生：累得精疲力竭。

师：尽管累，那他事情办完了吗？

生：办完了。

师：揠禾苗揠完了，对不对？好的，同学们看，照理说这一句话里面写了几件事情？三件事情，对不对？每一件事情写完都应该用一个标点符号叫句号。但你读读这节里面，一件事情结束用的是？

生：逗号。

师：用逗号和用句号有什么不一样？你说。

生：用逗号表示这个事还没有办完。

师：就开始办？

生：下一件事。

师：一件事情接着一件事情，急不急？

生：急。

师：所以我们说，写急性子以后就要多用？

生：急的词。

师：还要多用标点符号？

生：逗号。

师：如果用慢性子就要多用？

生：句号。

师：对呀。同学们，千万别小看这一个逗号和一个句号，就是这一个逗号和一个句号它改变了语言的节奏，而这个语言的节奏就是人的性格。第三节里面又能从哪里看出他是个急性子呢？你来说。

生：累坏了。

师：第三节里面。

生：一边喘气一边说。

师：说什么？

生：今天可把我累坏了，力气总算没有白费，禾苗长高了一大截。

师：这个"一边……一边"圈出来了吗？"一边……一边"说明他同时在干几件事情？

生：两件。

师：第一件事情是在？

生：喘气。

师：第二件事情是在？

生：说话。

师：为什么要喘气？谁知道？

生：因为他累坏了。

师：累坏了到家里要休息了不喘气了呀？

生：因为他已经拔过禾苗了。

师：是这样子吗？揠的时候在田里面，现在在家里怎么还在喘气呢？到底什么原因？

生：因为他跑回家的，他岔气所以他要喘气。

师：太聪明了。这就是能读出文字背后的画面来，你读懂这个急性子的心了，他揠完禾苗是一路跑回家的，说什么来着？预备，起。

生：今天可把我累坏了。

师：你有没有发现，如果累坏了，还跑得动吗？

生：跑不动。

师：他如果跑得动，还说明他累吗？

生：说明。

师：胡扯，根本就没听。你说。

生：不说明。

师：就是呀。你累就不能跑了，你跑了就不累，这就是什么，这就是矛盾。这个人所做的事情和所说的话是矛盾的。他为什么一路跑回家，你们知道吗？

生：因为他是个急性子。

师：这个急，就叫做急迫。说，急迫。

生：急迫。

师：急迫。

生：急迫。

师：同学们，这样一个急性子我们可以抓住他的言行来写，可以通过语言的节奏来写，可以通过他说的话里面的矛盾之处来体现。这个急性子的故事你会讲吗？来，在台下练一遍，一到三节，把它讲好了，赶快。讲出声音来，配上动作，加上表情，这个故事就被你讲生动了。好，谁来讲？你来。你讲第一节。谁讲第二节，你讲第二节。谁讲第三节？你来，准备候在这儿。不拿书了，还拿书干什么。讲第一节的同学可得加上题目。预备，起。

生：揠苗助长。古时候有个人，盼望着自己田里面的禾苗长得快些，天天到田里去看。可是一天、两天、三天，禾苗好像一点也没有长高，他焦急地在田里转来转去，自言自语地说，我得想个办法帮它们长。

师：终于讲完了。

生：一天，他终于想出了办法，他急忙跑到田边，把禾苗一棵一棵地往上拔，从中午一直忙到太阳落山，累得精疲力竭。

师：那“一棵一棵”我讲的话可不这么讲。把禾苗一棵一棵往高拔。为什么要这么讲你们知道吗？为什么？谁明白？他是“一棵一棵”，我是“一棵一棵”，为什么要这么讲？你说。

生：因为他怕把禾苗拔死了。

生：他就怕把禾苗的根部拔断。

师：对呀。所以这个揠苗助长的人是个傻的人吗？傻不傻？

生：不傻。

师：其实他可聪明了对不对？他只是想帮忙它们——

生：长高。

师：所以知人知面你不一定知他心。请坐，第三个故事。

生：他回到家里，一边喘气一边说。

师：你可只是低着头说，根本就没有一边喘气一边说。怎么一边喘气一边说？

生：一边喘气一边说，今天可把我累坏了，力气总算没有白费，禾苗都长高了一大截。

师：再讲一遍。

生：他回到家里一边喘气一边说，今天可把我累坏了，力气总算没有白费，禾苗都长高了一大截。

师：回去吧。他的儿子？拿出书本来，读课文。他的儿子不明白什么？

生：他不明白禾苗怎么都长高了一大截。

师：还不明白什么？你说。

生：他不明白为什么这么短的时间禾苗就长高了一大截。

师：太聪明了，你长大了一定很了不得，你太会读书了。他的儿子明白的是什么，你们知道吗？你说。

生：这么短的时间内长高一大截，绝对出了什么问题。

师：绝对有问题，好极了。所以他，预备，起。

生：第二天跑到田里一看，禾苗都枯死了。

师：这个人揠苗助长，他的这个的急无非是想提高禾苗长大的速度，但是他的这份焦急，他的这份急忙，他的这份急迫，有用吗？

生：没用。

师：咱们古时候有一句话叫欲速则？谁来说下一句。

生：欲速则不达。

师：除了不达，通过今天的学习你还能说别的词吗？

生：不成。

师：还有吗？

生：欲速则不急。

师：不急，急也没有用，是吗？还有别的词吗？有吗？其实或者这个寓言道理，比那个不成，比那个不达更糟糕。同学们，这个故事已经讲了几千年了，还要讲下去吧？当然要了，不讲的话，我们的后人就不知道这个道理了，对吧。所以今天回家去必须把这个故事绘声绘色讲给你家人听，好吗？然后让他们听完说说欲速则？下课。

生：起立，老师再见。

师：不能这么说，老师再见。

生：老师再见。

师：同学们再见。

《猴子种树》课堂教学实录

薛法根

师：小朋友们好！

生：老师好！

师：知道老师叫什么吗？

生：不知道。

师：有小朋友一定会知道……

生：薛。

师：老师姓薛，名？

生：法根。

师：对了！看到了吗？一起念一下老师的名字？

生：薛法根。

师：这位小朋友现在知道了吗？

生：知道了。

师：看一下，老师的姓名在这个投影屏上。拿出笔把老师的姓名写在纸上，不要写在课题下面。

师：这三个字认识了吗？

生：认识了。

师：老师的名字好听吗？

生：好听。

师：小朋友以后看到一些别人的姓名当中有生字的，要自觉地认一认，写一写。这样我们在生活当中就能认识很多新的汉字。识字了，你就会读书，你就会读报，你就能自己学习了，明白了吗？好，下面我们开始上课了。上课。

生：起立，老师好。

师：好，同学们好。请坐。今天我们学习新的课文，念。

生：猴子种树。

师：我们每一个字都念得很清楚，但是我们念课题要读词语，猴子，种树，这里停顿一下。猴子种树，念。

生：猴子种树。

师：不要很用力，知道吗？悠着点。猴子种树。

生：猴子种树。

师：就像说话一样。说，猴子种树。

生：猴子种树。

师：真好！课文中的生字多，我们来念一念，（出示课件）看哪个小朋友会读。

生：梨树。

师：一起念。

生：梨树。

师：轻一点，好吗？

生：梨树。

师：好，再看。

生：杏树。

师：轻一点。

生：杏树。

师：一起读。

生：杏树。

师：真好。

生：桃树。

师：一起念。

生：桃树。

师：同学们都会念啊，再来一个。

生：樱桃树。

师：一起念。

生：樱桃树。

师：同学们刚才念的这些词语都是果树的名字，你们还知道哪些果树？

生：苹果树。

师：它会结？

生：苹果。

师：好的，对了。

生：草莓树结草莓。

师：草莓它会长在树上吗？草莓是在地上的，它不是一棵树。

生：芒果树。

师：结芒果。

生：梨树。

师：这里有了。

生：石榴树。

生：椰子树。

师：你声音就这么响，中气足，椰子树长椰子。

生：无花果树。

生：柿子树。

师：长柿子。

生：葡萄树。

师：葡萄是树吗？葡萄它不是树。没了？

生：枣树。

师：结枣子。好的。

生：木瓜树。

师：结木瓜。你看生活当中有很多的果树。课文中有这些果树，我们一起来念一下。

生：梨树、杏树、桃树、樱桃树。

师：好的，下面我们再来看，看哪个小朋友会念？

生：梨五杏四。

师：念得真好！念。

生：梨五杏四。

师：什么叫梨五杏四？是不是五个梨四个杏子？

生：梨要种五年才能熟，杏要？

师：想一想？

生：杏树要等四年才能熟。

师：不是熟，是什么？

生：梨树要等五年才能结果，杏树要等四年才能结果。

师：这就叫？

生：梨五杏四。

师：说得真好！这叫“梨五杏四”。

生：杏四桃三。

师：怎么理解？

生：杏树要四年才能结果，桃树要等三年才结果。

师：正确吗？

生：正确。

师：好，再来念一个。

生：桃三樱二。

生：桃树要等三年才能结果，樱桃树要等两年才能结果，叫桃三樱二。

师：这些果树结果子的时间是不一样的。这是农民伯伯在种果树中积累的经验，这些经验就叫农谚。一起读。

生：农谚。

师：刚才这些农谚记住了吗？

生：记住了。

师：第一个叫？

生：梨五杏四。

师：第二个？

生：杏四桃三。

师：第三个？

生：桃三樱二。

师：这个农谚读一下。

生：樱桃好吃树难栽。

师：什么意思呢？

生：就是樱桃好吃树难栽。

师：我知道你肯定懂，但是你要能把这句话的意思说明白不容易。你能说明白吗？

生：樱桃非常好吃，但是樱桃的树很难栽。

生：樱桃虽然好吃，但是它的树不易成活。

师：他和其他两个同学说的不一样，你再说一遍。

生：樱桃虽然好吃，但是樱桃树不易成活。

师：不易什么？

生：成活。

师：这叫难栽，难栽是难栽活。这个小朋友真了不起，给他掌声。

师：你把刚才这句话的意思再说一遍，每个小朋友轻轻地跟他说。

生：樱桃虽然好吃，但是树不易成活。

师：这句谚语叫“樱桃好吃树难栽”。记住了吗？

生：记住了。

师：我们再来看，这些都叫农谚，再看看还有哪些词语。

生：乌鸦。

师：一起念。

生：乌鸦。

师：喜欢吗？

生：不喜欢。

师：为什么不喜欢？

生：因为它黑黑的。

师：长得黑你就不喜欢它，是吗？你也长得黑。你说，你喜欢吗？

生：不喜欢。

师：为什么？

生：它太黑了，说话呱呱的。

师：一个是太黑了，另一个说话呱呱的，说明叫的声音很难听，对吧？你们有喜欢乌鸦的吗？有人喜欢。

生：因为它很可爱。

师：好的，虽然长得黑，但很可爱。

生：我以前看过乌鸦，乌鸦的眼睛明亮一些。

师：因为全身都是黑的，眼睛就亮了。你说呢？

生：我想说乌鸦很聪明。

师：乌鸦是世界上最聪明的鸟之一。有一个成语叫“乌鸦反哺”，小乌鸦会养它的爸爸妈妈，多可贵啊！刚才小朋友知道它黑，说它声音叫得难听就不喜欢它，其实这个乌鸦很可爱。念一下。

生：乌鸦。

师：不要这样叫。乌鸦。

生：乌鸦。

师：多好听啊。乌鸦。

生：乌鸦。

师：再来，乌鸦。

生：乌鸦。

师：好的。我们以后看鸟也好，看人也好，不要看它黑不黑，好不好？接着念。

生：喜鹊。

师：这个喜欢吗？

生：喜欢。

师：为什么这个就喜欢了？

生：声音好听。

生：喜鹊报喜。

师：民间都有这样的传说，喜鹊是报喜，乌鸦报什么？

生：报难。

师：乌鸦给人的印象一般都是不吉利的。

生：杜鹃。

师：杜鹃又叫布谷鸟。咕咕咕咕这样叫。看一下，每一种鸟怎么叫的？乌鸦——

生：哇哇。

师：是有点难听吧？喜鹊呢？

生：喳喳。

师：好听吗？

生：好听。

师：杜鹃呢？

生：咕咕。

师：怎么样，也好听。好，一起来把它们的叫声读一读。

生：哇哇，喳喳，咕咕。

师：好的。现在我们来看这四组词，（出示课件）一列一列地读，好吗？第一列——

生：梨树、杏树、桃树、樱桃树。

师：第二列——

生：乌鸦、喜鹊、杜鹃。

师：第三列——

生：哇哇、喳喳、咕咕。

师：第四列——

生：农谚、梨五杏四、杏四桃三、桃三樱二、樱桃好吃树难栽。

师：好的，我们横着读会吗？

生：会。

师：注意，每一行都是四个词，一边读一边把它记住。

生：梨树、乌鸦、哇哇、梨五杏四。

师：真好！

生：梨树、乌鸦、哇哇、梨五杏四。

师：读第二行。

生：杏树、喜鹊、喳喳、杏四桃三。

师：真好！第三行——

生：桃树、杜鹃、咕咕、桃三樱二。

师：这时候声音多清脆，好听的。第四行——

生：樱桃树，樱桃好吃树难栽。

师：你这个声音就好像一个人趴在地上一样。要这样读：樱桃树。

生：樱桃树。

师：很好。樱桃好吃树难栽。

生：樱桃好吃树难栽。

师：快一点。

生：樱桃好吃树难栽。

师：好的，会读吗？我们一起读，一行一行地读，声音不要太响就行。

生：梨树、乌鸦、哇哇、梨五杏四。杏树、喜鹊、喳喳，杏四桃三。桃树、杜鹃、咕咕、桃三樱二。樱桃树，樱桃好吃树难栽。

师：记得住吗？

生：记得住。

师：真的吗？第一行——

生：梨树、乌鸦、哇哇、梨五杏四。

师：第二行——

生：杏树、喜鹊、喳喳、杏四桃三。

师：真好，第三行——

生：桃树、杜鹃、咕咕、桃三樱二。

师：第四行——

生：樱桃树，樱桃好吃树难栽。

师：小朋友，课文中的词语以后读的时候可以把它归类，一类一类地读，这样才能记得住，才能记牢，明白了吗？好，今天我们学的是猴子种树，这是一个故事，故事是用听的。喜欢听故事吗？

生：喜欢。

师：先听老师讲第一段故事，要用心听。坐好。一天，一只猴子种了一棵梨树苗，种完以后，给梨树苗浇水、施肥，等着将来吃梨子。过了一天，它又来给梨树浇水、施肥，等着将来吃梨子。又过了一天，猴子又来给梨树浇水、施肥，等着将来吃梨子。又过了一天。（生接着讲故事：猴子又来给梨树浇水、施肥，将来吃梨子）小朋友们也会讲了，对不对？考考大家。猴子每天做两件事，你知道哪两件事？

生：浇水。

师：第二件？

生：施肥。

师：好，伸出手指，跟着老师写。看一看“浇”怎么写，浇水，浇水要用？所以是三点水，好，右半部分也是一个字，这个字念“尧”，这个“尧”原来的意思就是高起的土堆，我们给树浇水要浇在树边的土堆上，不要浇在树干上。这就是浇水的浇，一起念——

生：浇。

师：再念——

生：浇。

师：再念——

生：浇。

师：读——

生：浇水。

师：第二件事叫“施肥”。来，伸出手指，方字旁，这个字念——

生：施。

师：施肥的肥什么旁？

生：月字旁。

师：伸出手指，月字旁。边上什么字？

生：巴。

师：好的，读——

生：施肥。

师：再读——

生：施肥。

师：这个肥是月字旁，但是它跟月亮没有关系，月和什么有关系？

生：和身体。

师：对，和身体，月是肉的意思。哪些字也是有月字旁的？

生：脑。

师：脑袋上有肉。还有吗？

生：腿。

师：腿上也有肉。还有吗？

生：脚。

师：脚上也有肉。还有吗？

生：脸。

师：你摸的那个地方是不是？这叫臀部，屁股，肉最多。

生：胳膊的胳。

师：也有肉。

生：胳膊的膊。

生：肥胖的胖。

生：腿。

师：但是这里施的是肥，它不是胖的意思，我们说生活当中这个人长得肥，它的反义词是长得？

生：瘦。

师：好，猴子每天做两件事，一件是？

生：浇水。

师：第二件叫？

生：施肥。

师：所以中间用一个顿号，来一起读。浇水、施肥。好，故事的开头是猴子种了一棵梨树苗，天天浇水、施肥，等待将来吃梨子。接下来会怎么样？等待梨树成活的时候，一只乌鸦哇哇地对猴子说，猴哥猴哥，你怎么种梨树呢？有句农谚：梨五杏四，你的梨树要等五年才能结果，你有这个耐心吗？猴子一听，对，五年太长，我可等不及，于是拔掉梨树，改种杏树。它又做了两件事，一件叫拔掉梨树，第二件呢？改种杏树。好，伸出手指，跟老师写，拔是什么旁呢？提手旁，边上是生字，念“bá”。读——

生：拔。

师：我们有一个运动也用一个拔的，叫？

生：拔河。

师：拔掉梨树改种杏树，这个改是生字，数一数。这个改一共有几笔？这个字七笔，一起来写写。念一下。

生：改种。

师：猴子做了两件事，第一件叫拔掉梨树，第二件是改种杏树。如果我这里要用一个标点符号，要用什么？

生：顿号。

师：真聪明！刚才这一段会讲吗？请小朋友自己练习讲故事。

生：正当梨树成活的时候，有只乌鸦……

师：不要念稿子，讲故事，要看着大家讲。正当梨树成活的时候——

生：正当梨树成活的时候，一只乌鸦“哇哇”地对猴子说，猴哥，猴哥，你怎么种梨树呢？有句农谚叫“梨五杏四”，梨树要等五年才能结果，你有这个耐心吗？猴子一想，对，五年太长，我可等不及，于是就拔掉梨树，改种杏树。

师：好的，这样讲就好，讲对了！好，现在谁能讲得优秀？优秀怎么讲呢？有一个要求，乌鸦说的话，要特别响，哇哇的。要像乌鸦就在眼前一样，这叫优秀。来，哪个小朋友？

生：正当梨树成活的时候，一只乌鸦“哇哇”地对猴子说，猴哥，猴哥，你怎么种梨树呢？有句农谚叫“梨五杏四”，梨树要等五年才能结果，你有这个耐心吗？猴子一想，对，五年太长，我可等不及，于是就拔掉梨树，改种杏树。

师：好的，优秀。当然，你不要太着急，我们要有这个耐心，讲的时候可以慢一点，听清楚了吗？

生：听清楚了。

师：这叫优秀。会这样讲的小朋友请举手，都会了吗？都会这样讲吗？能讲得这样优秀吗？来，请你来讲。

生：正当梨树成活的时候，一只乌鸦“哇哇”地对猴子说，猴哥，猴哥，你怎么种梨树呢？有句农谚叫“梨五杏四”，梨树要等五年才能结果，你有这个耐心吗？猴子一想，对，五年太长，我可等不及，于是就拔掉梨树，改种杏树。

师：优秀，很好。但是你知道比优秀还要优秀的叫什么？了不得。你想不想试一试？怎样讲才叫了不得呢？你看一下，这样讲叫了不得。（删去一部分词语，出示填空）

生：正当梨树成活的时候，一只乌鸦“哇哇”地对猴子说，猴哥，猴哥，你怎么种梨树呢？有句农谚叫“梨五杏四”，梨树要等五年才能结果，你有这个耐心吗？猴子一想，对，五年太长，我可等不及，于是就拔掉梨树，改种杏树。

师：给他掌声，这叫什么？了不得。你知道还有一种比了不得还了不得，叫什么？

生：真了不得。

师：告诉你，叫，不得了。你想不想试试？

生：好。

师：我们来试试，不得了怎么讲？你看看，这样讲就不得了了。（删去更多语句，只剩下横线）

生：正当梨树，正当梨树……

师：我们不着急，慢慢来。

生：正当梨树成活的时候，一只乌鸦“哇哇”地对猴子说，猴哥，猴哥，你怎么种梨树呢？有句农谚叫“梨五杏四”，梨树要等五年才能结果，你有这个耐心吗？猴子一想，对，五年太长，我可等不及，于是就拔掉梨树，改种杏树。

师：给他掌声，这叫？

生：不得了。

师：这叫不得了，小朋友都能这样不得了吗？好，现在我们不讲这一段，下面还有两段故事。不读课文，也不看课文，现在也能够马上讲出来，有什么办法？

生：这两段和上面差不多。

师：差不多。

生：不过就是梨树和杏树交换了。

师：换了一下树的名字。

生：农谚也换了。鸟也换了。

师：鸟也换了，是不是？来给他掌声。太好了。这个小朋友太了不起。只要把什么呢？树的名字，鸟的名字，农谚，换一换，我们照样能够讲下面两段故事是不是？好，现在每个小朋友练习，看谁讲得好。

生：正当杏树成活的时候，一只喜鹊喳喳地对猴子说，猴哥猴哥，你怎么种杏树呢？有句农谚：杏四桃三，杏树要等四年才能结果，你有这个耐心吗？猴子一想，对，四年太长，我可等不及，于是就拔掉杏树，改种桃树。

师：真好，往下讲！

生：正当桃树成活的时候，一只杜鹃咕咕地对猴子说，猴哥，猴哥，你怎么种桃树呢？有句农谚：桃三樱二，桃树要等三年才能结果，你有这个耐心吗？猴子一想，对，三年太长，我可等不及，于是就拔掉桃树，改种樱桃树。

师：真好，这叫不得了！给他掌声，一下子就把两段故事讲完了。请坐。还有同学能讲的吗？

生：能！

师：我要你讲三段，行吗？

生：行！

师：而且我要你到讲台来讲，行吗？

生：行！正当梨树成活的时候，一只乌鸦哇哇地对猴子说，猴哥，猴哥，你怎么种梨树呢？有句农谚叫“梨五杏四”，梨树要等五年才能结果，你有这个耐心吗？猴子一想，对，五年太长，我可等不及，于是就拔掉梨树，改种杏树。正当杏树成活的时候，一只喜鹊喳喳地对猴子说，猴哥，猴哥，你怎么种杏树呢？有句农谚：杏四桃三，杏树要等四年才能结果，你有这个耐心吗？猴子一想，对，四年太长，我可等不及，于是就拔掉杏树，改种桃树。正当桃树成活的时候，一只杜鹃咕咕地对猴子说，猴哥，猴哥，你怎么种桃树呢？有句农谚：桃三樱二，桃树要等三年才能结果，你有这个耐心吗？猴子一想，对，三年太长，我可等不及，于是就拔掉桃树，改种樱桃树。

师：掌声在哪里？太好了，这叫不得了！这位小朋友能把三段故事完整地讲下来，当然如果能够讲得让所有的人用心听就更好了。你想干吗？你能够让所有人听得津津有味，真的行吗？

生：行！

师：要有点动作，知道吗？要想象。三只鸟怎么说的？猴子心里怎么想的？要有声有色。我坐在下面听。

生：正当梨树成活的时候，一只乌鸦哇哇地对猴子说，猴哥，猴哥，你怎么种梨树呢？有句农谚叫“梨五杏四”，梨树要等五年才能结果，你有这个耐心吗？猴子一想，对，五年太长，我可等不及，于是就拔掉梨树，改种杏树。正当杏树成活的时候，一只喜鹊喳喳地对猴子说，猴哥，猴哥，你怎么种杏树呢？有句农谚：杏四桃三，杏树要等四年才能结果，你有这个耐心吗？猴子一想，对，四年太长，我可等不及，于是就拔掉杏树，改种桃树。正当桃树成活的时候，一只杜鹃咕咕地对猴子说，猴哥，猴哥，你怎么种桃树呢？有句农谚：桃三樱二，桃树要等三年才能结果，你有这个耐心吗？猴子一想，对，三年太长，我可等不及，于是就拔掉桃树，改种樱桃树，猴子哪里知道樱桃好吃树难栽，就这样，它什么树也没栽成。

师：你不但讲三段，把最后的结尾也讲出来。好，这个小朋友真了不起，不得了！小朋友都会讲的举手。都会这样讲吗？真好。我们这个班太出众了，都是不得了。好的，故事学到这里，我们知道猴子种果树，最后什么树也没有种成。你想想，一连种了几年，猴子什么树也没种成，心里会怎么样呢？

生：很难过。

生：很不快乐。

生：很后悔。

生：很伤心。

师：有点。

生：很失落。

生：觉得不应该听那些鸟的想法。

师：这些鸟都是坏的，是不是？

生：不是，因为它们都是不一样的。

师：好的，就不要听它们的话了。

生：觉得当时不应该听它们的。

师：好，你看猴子什么树也没栽成，心里有很多的想法。故事虽然完了，但是我们可以给这个故事再编一个结尾，这个故事怎么编呢？听好。正当猴子伤心的时候，或者正当猴子失落的时候，或者正当猴子后悔的时候，一只什么来了？想象一下，什么来了？它会怎么对猴子说？它会对猴子说什么？有没有引用农谚呢？有没有引用别的谚语呢？或者引用别的名言呢？说什么？然后猴子一想，想什么？请你们三个小朋友一组，讨论一下，好不好？给你们 3～5 分钟时间，讨论一下，看哪一组的小朋友编得生动有趣。

（生讨论）

生：正当猴子后悔的时候，一只燕子对猴子说，猴哥，猴哥，你不要光听别人的，要有耐心，不管种几年的果树，也要去耐心地等。猴子一想，对，于是就挑选了一棵果树种了下来。

师：挑哪一棵果树？

生：挑了一棵石榴树。

师：挑了一棵石榴树，你不是又换了一棵树吗？

生：就挑了一棵桃子树。

师：不是桃子树，桃树。

生：桃树。猴子就耐心地等待桃树结果，猴子最终吃到了桃子。

师：可以，要有耐心。你这个能讲完整叫优秀。还有没有了不得的，跟他不一样的？

生：正当猴子后悔的时候，一只麻雀叽叽喳喳地对猴子说，猴哥，猴哥，你只要种一种果树就可以了。猴子一想，麻雀说得对，只要有耐心就可以，于是猴子就继续种下了它的树。

师：又换了一种树了，它这里应该继续种什么树？

生：樱桃树。最终猴子种成了樱桃树，吃到了樱桃。

师：樱桃好吃，树难栽，但是这个小朋友说，只要坚持种樱桃树，刻苦研究，把樱桃树种活了，是不是？好的，优秀。

生：正当猴子伤心的时候，一只麻雀叽叽喳喳对猴子说，猴哥，猴哥，你只要坚持不懈，什么树都能种成。猴子一想，对，只要坚持不懈，什么树都能种成。

师：猴子一想，有一句话叫“有志者事竟成”。

生：猴子一想，对，有志者事竟成，于是它就继续种桃树。

师：它继续应该种樱桃树。

生：继续种樱桃树。过了几年，当猴子吃到甜滋滋的樱桃时，它心想，只要坚持不懈，干什么事都能干成。

师：好的，给他掌声。坚持不懈，做什么事都能成。还有其他小组不一样的吗？

生：正当猴子伤心的时候，一只老猴子对小猴子说，小猴子。

师：老猴子称什么？

生：猴弟，猴弟，你要坚持不懈，什么都能干成的。小猴子一想，对，我只要坚持不懈，我一定能干成。最后它挑了一棵桃树，过了三年以后，桃树结果了，它吃到了又大又甜的桃子。

师：好，给他掌声，太好了。我刚才听你讲的和现在讲的不一样，你把第一个版本的讲给我们听听，好不好？

生：正当小猴子失落的时候，一只老猴子对小猴子说，猴弟，猴弟，你怎么听那些小鸟儿说的话呢？你应该自己种自己的东西，你应该听自己的话。小猴子一想，对，不听老人言，吃亏在眼前。

师：继续往下讲。

生：于是，小猴子挑了一棵梨树，过了五年，终于吃到又大又甜的梨子了。

师：虽然梨树要五年才能结果，但是它怎么样？坚持不懈。好的，有志者事竟成，那叫坚持不懈。不听老人言，吃亏在眼前。老猴子的话有道理，对不对？好了，但是你们这些假猴子不算聪明。聪明的猴子怎么样？它只种一棵树吗？

生：它可以种四种不同的树。

师：四种果树它都可以种，为什么？

生：因为它有耐心。

师：好了，今天我们学的这个故事叫什么？

生：猴子种树。

师：好听吗？

生：好听。

师：今天回去每个小朋友把故事讲给你爸爸妈妈听，会吗？

生：会。

师：讲完了以后，你请爸爸妈妈来编一编，听一听爸爸妈妈续编的故事和我们小朋友编的有哪些不一样，明天我们来交流一下，好吗？下课。

生：起立，老师再见。

师：谢谢同学们。

生：谢谢老师。

《趣味语文》课堂教学实录

吉春亚

【教学目标】

1. 学习想象画面和品味推敲古诗中的精妙词句，尝试填写诗句。

2. 习得一种方法，把同类的内容汇集起来一起学习。

3. 通过学习积累故事，激发学生学习经典名句的兴趣。

【教学过程】

一、教学导入“推敲”的由来

师：亲爱的同学们，在我们的教材中除了精读课文和略读课文，还有一些小栏目。（出示后学生朗读）

生：回顾拓展，交流平台，日积月累，展示台，课外书屋。

师：还有一个不起眼的小栏目。

生：趣味语文。

师：在趣味语文当中，有这么一个内容跟它有关，我们来读一读。

生：推。

师：做个动作。再读。

生：敲。

师：再做个动作。两个连在一起，请读。

生：推敲。

师：谁知道什么意思？

生：就是一个人不停地斟酌一件事情。

师：（出示课件）推敲：用来比喻做文章或做事时，反复思考、琢磨。

二、学习方法，如何推敲

1. 从不同方面说明推敲过程。

原本它只是推的动作和敲的动作，怎么会变成你刚才所说的这样的呢？看一段小小录像《“推敲”由来》。

（学生看录像）

师：贾岛的诗是这样的。

（学生朗读）

题李凝幽居

（唐）贾　岛

闲居少邻并，草径入荒园。
鸟宿池边树，僧（　）月下门。
过桥分野色，移石动云根。
暂去还来此，幽期不负言。

师：题目是诗歌的眼睛。李凝住在什么地方？

生：李凝住在一个比较安静、没有人的地方。

师：幽静的一个地方，李凝是一个隐者，一般都不怎么见得着的，他就住在一座深山里面，非常幽静的一个地方。当时的情景是这样的。

（出示后学生朗读）

朋友悠闲地居住这里，很少有邻居相伴，只有一条杂草遮掩的小路通向荒芜的小园。鸟儿歇宿在池边的树上，一位僧人（我）正在月下（　　）响山门，走过小桥，原野是一片迷人的景色，云脚正在飘动，好像山石在移动。我暂时要离开这里，但不久还要回来，要按照约定的日期再来拜访，决不食言。

师：此刻此景，你们觉得用哪一个词为好，为什么？

生：我觉得也是用“敲”好，因为用“敲”字可以反衬当时月色中的静。

师：好，“反衬”这个词说得多好。我们的教材里，趣味语文这个栏目里这么告诉我们。（出示教材内容，学生朗读）

他想了一会儿，对贾岛说：“用‘敲’字好啊！因为僧人敲着寺门，更能显现出月色的寂静，而‘推’字却显示不了这样的效果。”

师：关于“推”“敲”的典故，有很多的记载，江苏版教材的原文是这样说的。（出示原文）读后告诉大家，选用“敲”字的几条原因。尽量说得有条理。

生：用“敲”字有三个好处。第一，显得有礼貌。第二，能反衬出月夜的宁静。第三，读得响亮。

师：他用一、二、三来表述，特别的清晰，你可以换一种方法。

生：有三个好处。首先是，即使友人家的门没有关，也不能莽撞推门，要表示你的礼貌。然后，是因为可以衬托出月夜的宁静。最后，读起来也可以响亮一些。

2. 想象画面推敲字眼。

师：对，咱们学语文就是学表达的，把表达的话语说明白。类似“推敲”的典故很多，举一，我们去反三。

（出示，学生读）

生：春风又绿江南岸，明月何时照我还。

师：资料袋是这么告诉我们的……

生：据传，诗人王安石在作《泊船瓜洲》时，先写的是“春风又到江南岸”，后来他觉得“到”字不好，就改为“过”，接着又改为“入”“满”等字。经过十多次修改，都不大满意。最后他从“东风何时至，已绿湖上山”这句诗受到启发，才决定改用“绿”字。

师：好，后来用了“绿”。传说当中用了11个字都换掉了，最后用“绿”。这个“绿”字到底要比“过”、比“满”、比“入”等之类的，好在哪？能不能从几个方面说明用“绿”的好处呢？

（同学相互讨论）

师：好，可以交流了吧！好在哪呢？请说。

生：我觉得应该是春天来了，风吹过来了，小草都长绿了、长大了，让我们感受到了春天生机勃勃的景象。其实也说明了王安石非常思念自己的家乡——江南。

师：你的话语其实说了三个方面，一是看到景象，二是给人带来的感受，三是作者想念家乡。这个“绿”字，会给我们带来无限的想象。用眼睛看“绿”，看到了什么？

生：我看到了春草一下子铺遍了江南两岸。

生：我看到了小草像地毯一样一望无际，草丛中还点缀着小花。

生：我看到了桃花绽开了粉红的笑脸，梨花雪白雪白的，迎春花金黄金黄的。

师：用耳朵去听“绿”，听到什么？

生：听到了鸟儿在欢快地唱着歌。

师：一首春天之歌。用鼻子来闻一闻，闻到了什么？

生：用鼻子闻到了泥土的气息。

生：闻到了小草的芬芳、花儿的芬芳。

师：那用手去摸一摸这个“绿”，摸到了？

生：草地既柔又软，很舒服。

生：摸摸溪水，凉凉的；摸摸小花，嫩嫩的。

师：无论用眼睛看、用鼻子闻、用耳朵听、用手去摸，都给我们带来一种欢快的、喜悦的、美好的画面。让我们把体会到的送进去读一读。

（学生朗读）

三、运用方法，小组合作推敲字眼

师：刚才我们学了两种推敲词语的方法，一是从几个方面品味好处，二是透过这个词语想象眼前看到的画面。学以致用，用这样的方法，请大家走进我们的下一个板块。

出示：

日出江花红胜火，春来江水绿如蓝。

——白居易《忆江南》

草长莺飞二月天，拂堤杨柳醉春烟。

——高鼎《村居》

泉眼无声惜细流，树阴照水爱晴柔。

——杨万里《小池》

最喜小儿亡赖，溪头卧剥莲蓬

——辛弃疾《清平乐·村居》

(学生分小组选择其中一句进行推敲。老师巡视)

师：可以交流一下，把思维连通到吉老师这儿来。

生：我们小组讨论的是“日出江花红胜火”的“红胜火”。这个“红胜火”可以表达出江花的美丽，进而和下一句的“绿如蓝”进行对比。一红一绿，相互映衬，好一个江南美景。

生：我们组用的是想象画面的办法。这个“红胜火”我们看到这样的画面。花是红的，日出也是红的，一片红，在我们眼前就是那么一片红，多么美丽！“火”是一片一片地燃烧出去。花一片一片开出去。火是越升越高，花是越开越茂盛。草地上有花，山坡上也有花，更高的山上也有花。

师：有的在草丛里面一闪一闪地，更多的花是开满了整个山野，怪不得叫“红胜火”。再请一组。

生：“醉”字让我感受杨柳的茂盛，长势快；还有人陶醉在春天里的那种感觉。

师：好，你是这么说的。你呢？

生：我觉得这个“醉”字，一是，人陶醉在春天里；二是，草长得茂盛，而且还有柳树来反衬草长得茂盛。所以，更能体现出时人喜欢在这个春天里。

师：好。你们要说的呢？

生：这一个“醉”字就体现了春风的那种令人舒服的气息，使得杨柳跟人一样喝醉了一般陶醉在春天中。

师：“惜细流”组。请说。

生：我觉得“惜细流”这个“惜”字更能体现它的泉眼不像其他的那种波涛汹涌的大浪，而是很小很小的，一点一点地流出来。非常珍惜这里的水流。还把流水当做人写了。

师：说得多有味道！那“卧剥莲蓬”？

生：“卧剥莲蓬”这个“卧”更能体现儿童的顽皮、可爱，跟前面那个“亡赖”相对起来。然后，“卧”可以看出儿童是躺在草地上剥莲蓬，而能体现出儿童的无忧无虑、自由自在。

师：有想象画面的吗？

生：我们组想象的是，有一个孩子趴在溪头，让那些莲蓬像小船一样顺水，像舟一样漂流在溪水之中。又卧在草地上剥莲蓬。剥着剥着把莲蓬送到嘴里吃了十几个。吃到了一个苦的，就吐出来了，还把莲蓬给爸爸妈妈吃。

四、填写诗句，一展身手显推敲才华

师：我们学习推敲的方法，运用的本领让老师佩服。这么有魅力的字眼古人是怎么创作出来的呢？两首诗作证。

出示：

吟安一个字，捻断数茎须。

两句三年得，一吟双泪流。

师：现在你们合作填写诗句，答案越多越好。这么多的答案也适当地敲哪一个更好。

星垂平野阔，月（　）大江流。

绿杨烟外晓寒轻，红杏枝头春意（　）。

轻风（　）细柳，淡月失梅花。

相见时难别亦难，东风无力百花（　）

学生填写。

师：请展示你们填写了哪些答案。

生：星垂平野阔，月（落）大江流。

生：星垂平野阔，月（沉）大江流。

生：星垂平野阔，月（映）大江流。

生：星垂平野阔，月（宿）大江流。

生：星垂平野阔，月（照）大江流。

师：好，下一个。绿杨烟外晓寒轻，红杏枝头春意（　）。

生：绿杨烟外晓寒轻，红杏枝头春意（浓）。

生：我觉得应该是“春意（暖）”。

生：我认为应该是“春意（重）”。

生：我觉得应该是“春意（升）”。

生：我认为应该是“春意（满）”。

生：我认为应该是“春意（笑）”。

生：绿杨烟外晓寒轻，红杏枝头春意（燃）。

师：下一句，“轻风……”

生：我写的是“轻风（飘）细柳”。

生：我觉得应该是“轻风（拂）细柳”。

师：哪个“发 fú”?

生：提手旁的“拂”。

生：可以用提手旁的另一个“抚”。

师：还有不一样的吗?

生：“轻风（扬）”。

生：搀扶的“扶”。

师：搀扶的“扶”，了不得。

生：轻风（吹）细柳。

生：轻风（催）细柳。

生：轻风（触）细柳。

师：最后一个，“相见时难别亦难”。分别的时候心里特别的难受，“东风无力百花（　）?”

生：绽放的“绽”。

师：这么难受，看了这个花绽，马上喜笑颜开了，显然不妥。

生：应该是“东风无力百花（飘）”。

生：我觉得应该是“东风无力百花（谢）”。

师：花谢了。花谢、花落，凄惨惨。

生：我觉得应该填“垂”。

生：我认为应该是“东风无力百花（凋）”。

生：东风无力百花（残）。

生：东风无力百花（枯）。

生：东风无力百花（萎）。

师：这么多答案，你们觉得哪些更好。

（学生争执起来）

师：我们先到这里吧，这么多的答案里跟作家心心相印的答案有，“花（残）”“轻风（扶）”，看看原诗句。

出示：

星垂平野阔，月（涌）大江流。

绿杨烟外晓寒轻，红杏枝头春意（闹）。

轻风（扶）细柳，淡月失梅花。

相见时难别亦难，东风无力百花（残）。

师：这个“涌”字好在哪里?

生：很有气势，很有画面感。（动作）

师：“闹”字好在哪？谁在闹呢?

生：这个“闹”就写出了红杏枝头就像顽皮的小孩子一样，在那里玩耍、嬉闹。

生：花在嬉闹，你争我抢地开得欢。还有谁来闹?

生：不仅仅如此，除了植物还有动物，还有人。因为春暖花开的时候动物也出来了，人也从家里出来了。

生：树枝下面还有很多小朋友在嬉闹，也许有小动物在下面嬉闹。

师：好一个“闹”字，要比咱们的好多了。

五、总结拓展，延伸后续学习

师：好，同学们，这节课大家学得非常棒，利用教材当中的某一个小小的栏目，把同类的内容汇集起来一起学习，一课一得。像这样的趣味语文的内容，老师向大家推荐两本书。（出示）

生：《趣味语文故事100则》。

师：如果觉得不过瘾，还可以阅读第二本书。

生：《中华趣味语文》。

师：这节课就上到这里。下课。

《母爱》课堂教学实录

杨修宝

师：我想问同学们一个问题，你有多长时间没有因为一篇文章、一个故事而感动过了？随便说，我看着你，你就说。

生：基本上没有。

师：从来没有过，很遗憾啦。

生：我有一周没有被感动过。

师：前一周还感动一次，真羡慕你。

生：我记得好像 5 月以来基本上没有。

师：整个 5 月份基本没有。

生：我是在昨天晚上被感动的。

师：你能告诉我什么内容吗？

生：昨天晚上我在网上浏览一个故事，是关于温家宝当年的就职历程。

师：被感动了，老人家打动了你。谢谢！

生：我是四天前被感动的。那时候是老师跟我们谈心，因为老师谈得很真切，所以被感动了。

师："真切"这个词用得真准确。好了，到这里吧。同学们，今天杨老师跟大家一起学习一个非常感人的故事。我们开始，你来读。（屏幕出示文字）

生：这是一个真实的故事，故事发生在我国西部一个极度缺水的沙漠地区。

师：请坐，谢谢。同学们，两句话，你都知道了什么？

生：我知道这是一个发生在极度缺水的沙漠地区的故事。

师：极度缺水的沙漠地区，同学们想一想是什么样子的，你能想象一下吗，什么样子？

生：是一个地面都干得裂缝了，人们喝水非常困难的地方。

师：你还想说？

生：应该是在沙漠里面地都是干的，人一般不能像我们现在一样，每天喝两瓶水，只能喝一杯。

师：用水是有限的。

生：全是沙子，而且基本上就没有水。

师：基本就没有水。同学们，那里的人们怎么用水呢？你来给同学们读一读。

（屏幕出示文字）

生：这里，水按人头定额分配，有严格的纪律，谁也不得私自动用一滴水。每人每天的用水量严格地限定为三斤，这还得靠当地驻军从很远的地方运来。日常的饮用、洗漱、洗菜、洗衣，包括喂牲口，全部依赖这珍贵的三斤水。

师：看到一段文字能很流畅地读出来，五年级了就应该这样。同学们，从这段话里，你又知道了什么？

生：我觉得这里的人用水非常地节约。

师：你能说说他们怎么用水吗？

生：每天只能用三斤水。

师：这三斤水得怎么用呢？

生：饮用、洗漱、洗菜、洗衣，包括喂牲口。

师：好，我们就看最后一句话，日常的饮用、洗漱、洗菜、洗衣，包括喂牲口，你能解释得清楚一点，到底怎么使用这三斤水吗？

生：我觉得应该是每天从三斤水里面取出一点来供自己饮用，再取出一点供自己洗漱、洗菜、洗衣，最后剩下的一点去喂牲口。

师：把水分成——

生：把水分成好多份。

师：还可以怎么用？

生：我觉得还可能是把水废物利用，先是饮用，洗漱、洗菜、洗衣什么的。

师：听明白了吗？是这样的。所以这里有严格的纪律，这纪律是——

生：谁也不得私自动用一滴水。

师：读的时候干净利索，再读一遍。

生：谁也不得私自动用一滴水。

师：任何一个人都不能私自动用一滴水。三斤水有多少啊？同学们，杨老师拿来了三斤水。（出示 1.5 升矿泉水瓶）。你惊讶的表情在告诉我——

生：太少了。

生：我感觉这是我们平常一节课间就能喝完的，他们要用来喝很久。

师：他要用一天。

生：我认为就是这些水光我们一天喝都不够，他还要喂牲口，洗漱什么的。

师：所以这里有严格的纪律是——

生：谁也不得私自动用一滴水。

生：我晚上运动的时候就带一瓶这么多的水，一晚上就喝完。

师：一次就有可能喝掉这三斤水，而他们却要饮用、洗漱——

生：洗菜、洗衣，包括喂牲口，全部依赖这珍贵的三斤水。

师：珍贵的三斤水，同学们，根据这一段故事，你预测一下杨老师会给你们讲一个什么故事呢？有没有人知道这个故事，你知道这个故事吗？（生摇头）不知道。同学们，你预测一下，会是什么故事呢？你说。

生：我预测的是这三斤水，每个人就是可以……一个人分给另一个需要帮助的人，然后这样的感人故事。

师：分给别人的感人故事。你又预测到什么？

生：会不会是因为父母舍不得这些水，然后喂自己的孩子而渴死了？

师：是这样的。同学们，根据你心里面预测的那个故事，给它拟定一个小标题，你会拟定一个什么小标题？

生：这个标题是，珍贵的三斤水。

生：我预测的应该是，生命之水。

师：你们觉得哪一个更好？

生：生命之水。

师：麻烦你把“生命之水”这几个字写到黑板上。好了，同学们，让我们来看看沙漠地区。（屏幕出示沙漠地区的图片并解说）沙化相当严重，有的人家已经搬离了这里，一个小男孩坐在水桶上，眼巴巴地望着运水车开来的方向。同学们，故事现在开始了。（屏幕出示文字）请你自己放出声音读读这段话，一边读一边看看有没有不理解的词语，好吗？自己放出声音读。

师：都读完了，有没有不理解的词语？

生：老师，“人和牛这样对峙着”，“对峙”是什么意思？

师：谁能解释一下“对峙”？先请坐，我们读读“对峙”前面的话，再读读后面的话。

生：应该就是你看着我，我看着你，最后就这样一直不动，谁也不肯后退。

师：谁也不肯让开，明白了吗？还有吗？

生：“呵斥”是什么意思？

师：你说。

生：我觉得应该是十分大声地训斥。

师：大声地训斥，这训斥的声音里有严厉的批评，还有可能带着——

生：还有可能带着一些伤人的话。

师：明白了吗？还有没有不理解的词语？都理解了，是吗？

师：同学们，让我们来看这一段话的第一句，齐读。

生：人缺水不行，牲畜也一样，渴啊！

师：同学们，我们朗读的时候，读得干净利索，不要像吟诵时读那么长的声音，怎么样读得干净利索呢？把每个字的韵母读得饱满一点就行了，不要把韵母读得特别长，明白了吗？人缺水不行，开始。

生：人缺水不行，牲畜也一样，渴啊！

师：你看，好听多了。这里的“啊”应该变音的，变成渴啊！再读一遍。

生：人缺水不行，牲畜也一样，渴啊！

师：这段话当中，哪些词句能看出老牛渴啊？

生：首先是渴极了，挣脱，要不然它不会强行挣脱缰绳。

师：说话说完整，他如果不是渴极了，不能把——

生：不能把缰绳挣脱。

生：老牛沉默地立在车前，任凭驾驶员怎样按喇叭、怎样呵斥驱赶，它也不肯挪动半步。从这里我能看出来，老牛现在已经不怕人了，因为它需要水，想要水喝。

师：让我们来看看她说的这句话。任凭驾驶员怎样按喇叭、怎样呵斥驱赶，它也不肯挪动半步。这句话我可不可以这样说，任凭驾驶员怎样按喇叭、呵斥驱赶，它也不肯挪动半步，有什么区别？

生：我感觉这样的情感就不如加上两个“怎样”强烈。

师：两个“怎样”是重复。

生：重复，情感更强烈。

师：在强调什么呢？

生：我觉得应该是在强调老牛的确是非常渴了，任凭人怎么驱赶它，它都是不为所动。

师：后面那个“五分钟过去了，十分钟过去了”，是不是也是一个意思啊？所以人缺水不行，——（师生齐读）“牲畜也一样，渴啊！”还从哪些地方看出来老牛渴啊？

生：一天，一头一直被人们认为憨厚、忠实的老牛渴极了，挣脱了缰绳，强行闯入沙漠里唯一的也是运水车必经的公路。从这里我了解到了这个老牛一直是非常憨厚、忠实的，一般也不会做出什么出格的事，它这次非常渴，然后才闯入了必经的公路。从这里看出老牛一般是十分乖的，但是一旦渴极了也是非常凶的。

师：所以人缺水不行，牲畜也一样……

生：渴啊。

生：我找的是最后一句。后面的司机开始骂骂咧咧，性急的甚至试图点火驱赶，可老牛一动不动。老牛就是很渴，拦住运水车，很想喝水，要水喝。

师：是啊，而且有的人试图干什么？动物最怕什么？

生：火。

师：可是它——

生：一动不动。

师：就是，渴啊。

生：我找的是这一句，运水的战士以前也碰到过牲口拦路索水的情景，但它们都不像这头牛这样倔强。我从这里可以看出这头牛是非常的渴，因为以前的牛都没有像它这样——那么倔强。

师：同学们，一起来读这个词。

生：倔强。

师：刚才有同学读错字了，倔强。倔，一个人不屈服（板书写“倔强”），在字典里还有另外一个字也读作强，犟，倔犟也可以这样写。从这段话里面我们真的是可以看得出来，这真的是一头——

生：倔强的牛。

师：在字典里，“犟”字的后面有一个括号，括号里面还有一个字“勥”，这个字也念 jiàng，现在不用了，用这个“犟”字了。多么强大的力量都拽不回它，这个人真犟，现在这头牛就特别的犟。它之所以这样犟，是因为——

生：渴啊。

师：它渴啊。你现在就是一个在现场堵车的司机，或者是运水的战士，你给不给这头牛水呢？无外乎两种情况是吧，一种是给水，一种是不给水。我做一个小小的调查，给水的同学举手。好，同学们请放下，你能说说你的理由吗，咱们展开一次小小的辩论，好吗？平时辩论过吗？

生：辩论过。

师：你们平时辩论的形式是什么样的？

生：男女两队。

师：分成男女两队辩论啊，咱们今天这样，同意给水的是正方，不同意给水的是反方，行吗？先请正方同学发言。

生：我觉得它太可怜了，给它点水，正好也可以让后面的车可以走，而且老牛在那里一动不动怪可怜的，我觉得给它水，让它舒舒服服地回去也挺好的。

师：咱们这样，改变一下你们曾经辩论的形式。你身边有话筒，你拿起来就可以说。他说完了，你站起来就接着辩论，我不用叫你，行吗？

生：我觉得如果老牛在那里喝够了，万一喝不够，把所有的水都喝完了，那我们人怎么喝啊？这水是挺珍贵的，如果让一头老牛都喝了，人给渴死了，这不是损失更大妈？

生：可是，人是生命，牛也是生命，如果为了让人不死，让牛死，我觉得太可怜了。

生：我认为每家每人只能拿三斤水，这么珍贵的水如果给老牛喝了，那人怎么办？

生：我觉得应该给老牛水，因为这样的话，也能让车队很快地过去，况且这个水是牲畜必须要喝的，就算你不给，到了目的地，主人还是要给它的，现在给了和以后再给是一个样子的。如果现在不给它的话就是浪费时间。

师：说话有理有据。

生：如果站在运水战士的立场上想想，人毕竟比牛重要，所以要先供给人，那个牛就算它堵在那里，也不能都给它。

生：我认为这头牛，它不一定把所有的水都喝完了啊。牛也是生命，人也是生命，生命与生命之间是平等的。“本是同根生，相煎何太急！”为什么就不能给它一点水呢？（掌声）

生：我认为如果给这头老牛，说不定有一家就没有水喝了。假如说老黄牛喝了三斤水，那么哪一家说不定一家三口四口都没有水喝，就会渴死。

生：第一，我认为老牛既然也是生灵，我们就需要给它一些水喝，其实老牛应该不会把所有的水喝完。第二，我从老牛的行动中觉得老牛好像有什么事一样。

生：我觉得如果这样的话，这头牛在这里喝了水，牛的主人回去又会给它一定的水，这样的话，它的水喝得虽然很少也是够了的。如果这样恶性循环下去，以后会要更多的水，人就没有足够的水饮用了，这样恶性循环是不好的。

生：我觉得这头牛之所以格外的倔强，我觉得它应该是有特殊的情况，它不应该是那种普通的牛，要不它不会那么勇敢到路中间拦车。

生：我觉得就算干旱了，人类也有解决的办法，如果拯救一个人的生命，说不定这个人哪一天就能坐在实验室里面，研究怎么样解救干旱这个问题。而牛呢，牛能坐在实验室里面研究怎么拯救人吗？答案肯定是不能，所以我选择拯救人。（掌声）

师：感谢同学们，你们刚刚辩论的时候，我一句话都没有说，你们真的很精彩，给不给水不是我说了算的事。如果让你给这段话拟定一个小标题，你会怎么说？

生：我觉得好像是水拯救了一个人的生命，或者是一个牲畜的生命。

生：老牛夺水。

师：夺水，索水的意思，还有吗？有没有同学有跟他不一样的？

生：我觉得标题可以叫“母爱之水”，因为我觉得牛这样做肯定是有它的原因的。

师：有原因的，你想的真多。

生：我觉得应该起小标题为“难言之隐”，因为它如果单单为了它自己，它应该会走的，如果是为了它自己非常重要的一个人而不懈地努力，那也是值得的。

师：还有跟他不一样的吗，哪个更合适？你们喜欢哪一个小标题？

生：我喜欢“母爱之水”。

生：我觉得应该是“老牛夺水”，因为他这一段只写了老牛夺水，而没有写到母爱。

师：我们选择一下，好吗？喜欢“母爱之水”的举手，手放下，喜欢“老牛夺水”的同学举手，尊重大多数人的意见，请你把它写下来，写在下面。同学们，给不给水呢？我们接着往下看。（屏幕出示文字）我要找一个你们班读书读得最好的同学，给同学们读一读。同学们推荐一下，同学们开始读一读。这一位同学准备准备。

师：准备好了吗？他在读的时候，同学们从他的声音里，和你看到的文字里，你看到了怎样的画面，一会儿你告诉我。请这位同学开始。

生：战士们没办法，只得把牛的主人找来了。恼羞成怒的主人扬起长鞭狠狠地抽打在瘦骨嶙峋的牛背上，牛被打得皮开肉绽，哀哀叫唤，但还是不肯让开。鲜血沁了出来，染红了鞭子，老牛的凄厉叫声，和着沙漠中阴冷的酷风，显得分外的悲壮。老牛为了喝到一口水，竟连命都不要了，骂骂咧咧的司机感动了，一旁的运水战士哭了。

师：谢谢同学，你从他的朗读里和你刚刚看到的文字里，看到了怎样的画面？

生：我看到了一个被牛主人打得皮开肉绽，哀哀叫唤但还是不肯离开的老牛。

师：你还看到了什么？

生：我看到了满地的鲜血。

师：很好，就像他这样，通过这段文字看到具体的画面，这是一种非常重要的读书能力，我们来试一遍。我来读黑色的字，你来读红色的字，读过之后你告诉我，你看到了怎样具体的画面。

师：战士们没办法，只得把牛的主人找来了，恼羞成怒的主人扬起长鞭——

生：狠狠地抽打在瘦骨嶙峋的牛背上。

师：牛被打得——

生：皮开肉绽，哀哀叫唤。

师：但还是不肯让开。

生：鲜血沁了出来，染红了鞭子。

师：老牛的凄厉叫声，和着沙漠中阴冷的酷风。

生：显得分外的悲壮。

师：老牛为了喝到一口水——

生：竟连命都不要了。

师：骂骂咧咧的司机感动了。

生：一旁的运水战士哭了。

师：你看到了怎样具体的画面？

生：我看到一个恼羞成怒的主人把老牛打得皮开肉绽，老牛凄厉的叫声，和着沙漠中阴冷的酷风，最后骂骂咧咧的司机被感动了，一旁的运水战士哭了。

师：看到了这段文字背后的东西，看到别人没有看到的。就像他这样说，你看到了什么具体的画面？

生：我看到了空中飞舞着，带着血的牛鞭。

生：我看到了一头瘦骨嶙峋的牛，正在被他的主人狠狠地抽打。

师：再具体一点。

生：我仿佛看到了牛身上全是鲜血，场面十分血腥。

生：我看到刚才骂骂咧咧的司机现在也感动了。

生：我看到老牛的瘦骨嶙峋的背上，被抽了一道道疤，沁出了鲜血。

师：牛背上抽出了一道道——

生：血痕。

师：这一道道血痕就是你看到的具体的画面，就这样把文字变成具体的画面。

生：我看到了一头老牛身上全都是鲜血，鞭子也被染红了，在场的司机和运水的战士都哭了起来。

师：这个我们都看到了，是吗？我们再看，还会有具体的画面，你发现的跟刚才的又不一样。我来读红色的字，这回你来读黑色的字。

生：战士们没办法，只得把牛的主人找来了，恼羞成怒的主人扬起长鞭。

师：狠狠地抽打在瘦骨嶙峋的牛背上。

生：牛被打得——

师：皮开肉绽，哀哀叫唤。

生：但还是不肯让开。

师：鲜血沁了出来，染红了鞭子。

生：老牛的凄厉叫声，和着沙漠中阴冷的酷风。

师：显得分外的悲壮。

生：老牛为了喝到一口水。

师：竟连命都不要了。

生：骂骂咧咧的司机感动了。

师：一旁的运水战士哭了。

师：你又看到了怎么样的具体的画面？

生：我看到了老牛身上鲜血沁了出来，满地的血。

师：你看到了满地的鲜血，有可能还没有到那么严重的程度，但已经有了颜色。

生：我看到了老牛为了喝到一口水，命都不要了。司机和运水战士都被感动了。

生：我仿佛看到了，老牛身上都是鲜血，正在颤抖。

生：我看到了运水战士因为不忍心看到老牛瘦骨嶙峋的身体上都是血痕，把头转过去了。

师：你看到了他扭头的那一刹那的动作。你还看到了什么？

生：我看到了运水战士们脸上布满了泪痕，呜呜咽咽。

师：呜咽是吗？你不单单看到了那表情，还听到了那声音。

生：我看到了牛背上有很多血痕，而且好像牛也在哭。

师：牛的眼睛你都看到了。

生：我看到了老牛虽然背上被抽得一道道血痕，但是它仍站在那里凄厉地喊叫。

师：你听到了它的声音，它站在那里有可能都在——

生：有可能都在颤抖。

师：都在颤抖。

生：我还看到了似乎老牛心里藏着某种秘密。

师：你看得更深入。同学们，给不给水啊？所有同学都同意给水了。（屏幕出示文字，引读）最后，一个运水的战士说——

生：就让我违反一次规定吧，把我的三斤水给它，我愿意接受一次处分。

师：他从水车上取出半盆水——正好三斤，放在牛面前。

师：同学们，如果让你给这段话加一个小标题，你会加上什么呢？想一想，不着急。

生：我想给这一小段拟的标题是“战士送水”。

生：我想给它取的标题是“鲜血换水”。

生：用血搏来的水。

师：还有吗？这几个标题中哪个更合适？大声说，你们喜欢哪一个？

生：鲜血搏来的水。

师：麻烦你把它写上。

师：好了，同学们，让我们来看看最后一段话。战士怎么说的？字我们都认识，怎么读出来很重要，用什么样的语气？一个运水的战士说——

生：就让我违反一次规定吧，把我的三斤水给它，我愿意接受一次处分。

师：善良的战士。你再读。

生：就让我违反一次规定吧，把我的三斤水给它，我愿意接受一次处分。

师：坚定的声音。谁还能再读？

生：就让我违反一次规定吧，把我的三斤水给它，我愿意接受一次处分。

师：读得这样无力，仿佛也是在哀求。我能听到你声音里那份对牛的情感。让我们来看看吧，摆在牛面前的生命之水，老牛用什么换来的？

生：鲜血。

师：鲜血，老牛以死抗争去夺水，用鲜血来搏水，这三斤水，这弥足珍贵的三斤水，就摆在老牛的面前。可是，故事并没有结束，就像你们预测的那样……（屏幕出示文字，师配乐读）

出人意料的是，老牛没有喝以死抗争得来的水，而是面对着夕阳，仰天长叫，似乎在呼唤什么。不远的沙堆背后跑来一头小牛，受伤的老牛慈爱地看着小牛贪婪地喝干了那些清水。小牛美美地喝了个饱后，走到母牛身边，伸出舌头舔了舔老牛的眼睛。静默中，人们看到了母子眼中的泪水。没等主人吆喝，在一片静寂无语中，它们掉转头，慢慢往回走。

请你在心里读一遍这段话。（生默读）好了，同学们，我看到了你眼睛里晶莹的泪花，现在请你给整篇课文拟一个题目。

生：母爱永远是伟大的。

生：我就想用两个字——母爱。

生：我想起的题目叫“母爱之水”。

师：麻烦你把“母爱”这两个字写到黑板上。读了这段话以后，我们似乎想起了谁，此时此刻，特别想对她说些什么，现在就请你拿出笔来，写下你现在想的话，开始。（生动笔写）

师：我要找几个同学来读一读他写的，好吗？我们先来请你读一读。

生：也许你仅仅只是一头牛，但是你那伟大的慈母般的关怀，却堪比人的情感。我并不想多说什么，只希望你和你的小牛能顺利地走出这无边的沙漠。

师：善良啊！好，还有吗？你来读一读。

生：妈妈，我爱您！您总是在我一次次顶撞之后，又一次次地原谅我。在我着急时，您比我还着急；在我开心时，您比我还开心。妈妈，我只想对您说三个字：“我爱您！”

师：谢谢你，你不单写得好，还用了刚才我们课上学的那个重复的方法，真是太棒了！“我爱你”三个字虽然那么简单，感情却如此之真挚。你来读一读。

生：妈妈，我曾经是个调皮的小孩，许多吃的和玩的……

师：停，自己写的一定要读好，干净利索地读好，一篇自己的文章，三分文章七分读，听明白了？

生：妈妈，我曾经是个调皮的小孩，许多吃的和玩的您总先给我，您曾经多少次为我缝补衣袜，为我付出了多少心血，可您那充满皱纹的手，依然是那么的温暖，给了我无限的鼓励。妈妈，我爱您！

师：谢谢你，同学。同学们一起跟我来听他写的这句话：可您那充满皱纹的手，依然是那么的温暖。没有口号，一切都是那么自然。同学们，我们再来听听他的。

生：母亲。母爱，是世间两个无比伟大的词语，妈妈，您为儿子付出的一切，我一定要报答。妈妈，我现在能力尽管不强，但是我想对您说，妈妈，我爱您！

师：好，同学们，我能从你们的话里面，听出你们都有一颗感恩的心。《增广贤文》里有这样一句话。（屏幕出示文字）

生：羊有跪乳之恩，鸦有反哺之义。

师：你知道它的意思吗？

生：用比较通俗的话就是，小羊在喝母乳的时候是跪着喝的，然后乌鸦在吃东西的时候是——这个不太知道。

师：谢谢你！同学们，乌鸦小的时候爸爸妈妈啄食给它吃，爸爸妈妈老了——

生：它就啄食给爸爸妈妈吃。

师：反哺，羊跪吃母乳报答养育之恩。乌鸦反哺，懂得这份孝义，是吧，动物如此，我们更要这样。这节课同学们可能收获的很多，感动不要一时的，要永远记在心里，要经常有行动，好吗？

同学们，爱上语文，你还会有无数次的感动，还会有无数次的精神享受，好不好？杨老师的课文放在你这，一会儿出去的时候发给每个同学，回家和爸爸妈妈一起再读一遍这个故事，下课。

生：起立。

生：老师再见。

师：同学们再见，收拾好文具，擦干眼泪。再见！同学们。

《母亲的鼓励》课堂教学实录

贾志敏

一、故事蓄情　巧引课题

师：听你们老师介绍，咱们班同学的字写得特别漂亮。告诉我，谁写得最好？

（让被推荐的两个学生到黑板前板书，其他学生被要求注意观察书写笔顺与字的结构）

师：（对一位同学说）请你写世界上最伟大的人的名字——“母亲”。（学生板书：母亲）

师：（对另一位同学说）请你写人与人之间交往时最需要的手段——“鼓励”。（学生板书：鼓励）

（学生在书写过程中，老师对学生的书写进行即时点评）

（指名读“母亲”和“鼓励”）

师：我们每个人的生命来自于母亲，母亲是世界上最伟大的人。她生我们、养我们，把一切都献给了我们。所以有人说，“母亲的怀抱是最温暖的”“母亲给予我们一切”……

学着老师说的，也说一两句诗意的、深情的赞颂母亲的话。

生$_1$：母亲十分伟大。(师点评：可以)

生$_2$：母亲十分无私。(师点评：没错)

生$_3$：我用一首诗来赞颂母亲：“慈母手中线，游子身上衣。临行密密缝，意恐迟迟归。”

师：《游子吟》，真好！

生$_4$：春蚕到死丝方尽，蜡炬成灰泪始干。

师：把母亲喻作春蚕。感人！母亲生育我们，养育我们，她给予我们的爱是不求任何回报的。

母亲，伟大在哪儿呢？举一个例子：

2008 年 5 月 12 日 14 点 28 分，汶川发生大地震。顷刻间，山崩地裂，房倒桥塌。人们赶紧抢救埋在废墟下的人。当消防队员掀开一块水泥板时，发现下面竟躺着两个人：年轻的母亲怀抱着两岁左右的孩子。母亲死了，孩子还活着。这位母亲把生的权利让给了孩子。后来，在母亲的手机里发现这样一条短信：孩子，你活着的话，别忘了母亲。

你们也能举出这样的例子吗？

(学生没有任何反应)

师：(见学生没有反应) 我再举一个例子：

一个孩子的肝脏出了问题。医生说只有做肝脏移植手术，这孩子才能存活。但是，找不到合适的肝脏可换，唯有母亲的肝脏能与之匹配。遗憾的是，母亲的肝脏是脂肪肝，没有使用价值。医生说：“你每天跑步，等肝脏消肿了，也许能用上。”这位母亲就天天跑步，半年里跑坏了 6 双鞋，肝肿消了。终于，母亲的部分肝脏移植给了孩子，孩子得救了。

母亲赋予孩子的爱，就是这样高尚、无私和伟大。

谁接着说你所了解到的有关“母爱”的事例？

生$_1$：有一位母亲为了给上清华大学的儿子筹集生活费，自己去捡垃圾。

生$_2$：有一个孩子身上长了过敏性黑痣，几乎全身都黑了。母亲为了拯救孩子，把自己肚子上的皮移植给孩子。

生$_3$：一位母亲为了提供在国外读书女儿的生活费用，奔走了四个国家和地区打工筹款，可是她不通任何一国的语言。

（学生一齐读黑板上写着的“母亲”“鼓励”两个词）

（师在“母亲”“鼓励”之间加上“的”字。指名读课题“母亲的鼓励”）

二、点拨指导　扎实训练

（教师指着课前板书的三行生字和新词，让学生反复朗读。老师着重指导“捺”的读法）

羡慕　黯淡　甜蜜　按捺

好动　妈妈

破天荒　两鬓斑白　悲喜交集

师：“好动”的“好”怎么读？怎么讲？

生：读第四声。“好”是喜欢的意思。好动，就是收不住心，喜欢动。

师：我喜欢看书。

生：我好看书。

师：这孩子喜欢逞能。

生：这孩子好逞能。

师：爸爸好运动。

生：爸爸喜欢运动。

（指导读“妈妈”。先跟着老师读，再一齐读）

师：“妈妈”跟“母亲”指的是同一个人。它们有区别吗？

生：“妈妈”是口头上喊的，“母亲”是书面上用的。

师：对，“母亲”属书面用语，“妈妈”属口头用语。打开书，看看“妈妈”这一词儿都用在哪些句子里？“母亲”又都出现在哪些地方？

生：“妈妈”都出现在人物的语言里，“母亲”都出现在作者陈述的句子中间。

师：说得比我还清楚。

师："破天荒"什么意思？

生：打破了之前的惯例。

师：正确。意思是"从来都没发生过的，如今奇迹般地发生了"。北方人喜欢这么说，咱们南方人不这么用的。

师："两鬓斑白"呢？

生：是指人的"这里"（学生指着自己脑袋的两侧）变成白色了。

师："鬓"指耳朵前面的部位。"斑白"就是有的头发白了，有的头发还是黑的。

师："悲喜交集"什么意思？

生$_1$：又悲伤，又欢喜，两种感情交织在一起。

生$_2$：悲伤和欢喜交织在一起，形成一种复杂的感情。

生$_3$：当时的情景应该是他既十分悲伤，又很开心，两种感情结合在一起。

师：简单地说，就是"既高兴又悲伤"。

（学生再一齐读生字和新词）

三、直奔结尾　激情诵读

师：字、词会读了，文章会读吗？请一位同学朗读文章最后一节。

生："高中毕业了……"（生读得拿腔拿调的，极不自然）

师：不要这么读，要这样读：高中毕业了……（教师读得清晰、自然，精神饱满）

（学生继续读）

师：读得真好，就是要这样正确、流利、有感情地读。我学着这位同学，朗读最后几句话，看能不能读得像她一般好。

（师有感情地朗读："突然，儿子转身跑到自己的房间里大哭起来……滴落在手中的信封上……"读后，学生鼓掌）

师：接着，我们请三位同学分别朗读这几句话。

生$_1$:突然,儿子转身跑到自己的房间里大哭起来,边哭边说:“妈妈……”

师:要大声地喊“妈妈”,“妈——妈!”(教师示范)

(生$_1$ 继续读)

生$_2$:突然,儿子转身跑到自己的房间里……

师:读得好极了,就是应该这样读!

生$_2$:突然,儿子转身跑到自己的房间里大哭起来,边哭边说:“妈妈,我知道自己不是一个聪明的孩子,但是,从小到大,你总是不断地鼓励我,你的鼓励成了我学习的动力。”听了这话……

师:大家注意了没有?她朗读陈述过程的句子时,运用的是一种语气、一种语调、一种语速。然而,朗读不同人物的语言的时候,语气、语调、语速都变了,变成另一种语气,另一种语调,另一种语速。请你再读“边哭边说:‘妈妈,我知道自己不是一个聪明的孩子……’”

(生$_2$ 继续读)

师:你读得最好。最后一句话读得太有味儿了,请再读一遍——大家一起欣赏。

生$_2$:听了这话,两鬓已经斑白的母亲悲喜交集,再也按捺不住十几年来凝聚在心中的泪水,任它流下,滴落在手中的信封上……

师:真好!看来,要想读得比你好,那是很困难的了。(受表扬的学生得意地坐下)

生$_3$:突然,儿子转身跑到自己的房间里大哭起来,边哭边说:“妈妈,我知道……”

师:“妈妈”,叫得不好听。“妈”是第一声,后面的“妈”是轻声。

生$_3$:妈妈。

师:再叫一次。

生$_3$:妈妈。

(生$_3$ 读:妈妈,我知道自己不是一个聪明的孩子……再也按捺不住……)

师:该读“àn nà”,不读“àn nài”。

(生$_3$ 继续读完剩余部分)

师:读得也相当的好!

四、填表复述　听记续写

（学生又一齐读课题）

师：文章里，一共写了几次“母亲对孩子的鼓励”？

生：三次。

师：分别是——

生：第一次在第1自然段。在读幼儿园的时候，她告诉她的儿子：“老师表扬你了，说宝宝原来在板凳上坐不了一分钟，现在能坐三分钟了。别的孩子的妈妈都非常羡慕妈妈，因为宝宝进步了。”第二次是在第2自然段。“老师对你充满了信心。他说了，你并不是个笨孩子，只要能细心些，一定会超过你的同桌，这次你的同桌排在第21名。”第三次是在第3自然段。“班主任对你非常满意，他说了，只要你努力，很有希望考上重点高中。”

师：说得很清楚。全文写了三次“母亲对孩子的鼓励”。

看看该怎么填这个表格。（边说边指课前画好的表格）

	教师的话	母亲的鼓励
幼儿园		
小学		
初中		

（学生运用课文中的内容填写表格）

师：都填完了？请同学们按照表格提示的内容，用自己的话来说一说。说的时候可以看书。

生[1]：儿子上幼儿园了，开家长会时，老师对母亲说：“宝宝有好动症。”但是母亲回家后却对儿子说：“老师表扬你，说你进步了。”

上小学时，母亲去开家长会，老师对她说：“你的孩子考试很差。”但是母亲回家却鼓励儿子说：“老师说你可以超过同桌。”

孩子上初中了，母亲去开家长会，老师说：“孩子考重点高中有危险。”

但是母亲却鼓励儿子说："你努力一下就可以考上重点高中。"

师：主要意思说了，遗憾的是语句不连贯，还把重要的话给漏了。最好把原话说出来，按书上写的说。谁再来说一遍？

生$_2$：儿子上幼儿园了，在家长会上，老师对母亲说："你的儿子特别好动，在板凳上三分钟也坐不住。"母亲却鼓励儿子："宝宝进步了，原来在板凳上坐不了一分钟，现在能坐三分钟了。"

上小学了，在家长会上，老师对母亲说："这次数学考试，你儿子排在第40名，要多关心一下。"母亲却鼓励儿子说："老师对你充满了信心，只要能细心一些，一定会超过你的同桌。"

孩子上了初中，一次家长会上，老师对母亲说："按你儿子目前的成绩，考重点高中有点危险。"母亲却鼓励儿子说："班主任对你很满意，只要你努力，很有希望考上重点高中。"

师：相当不错！把课文的主要意思说了。看表格——幼儿园、小学、初中……后来，他不是考上清华大学了吗？（在表格空白处板书：高中）高中家长会的情况，作者没有写。这是怎么一回事？是作者无意疏漏，还是故意留白？我们不得而知。没关系，我们给课文来个"补白"！拿出笔，听写几句话。只有听清楚，才可能正确地记录下来——我只读一遍。

"快高中毕业了。家长会上，老师很忙，见了这位孩子的母亲说：'啊！你来了？你孩子进步不小，他考上一般的大学不成问题。不过，想考上清华、北大这样一流的大学，我看，希望有点渺茫。'"

（生听写句子，师检查学生听记的情况）

师：请同学们接着写，家长会结束以后，母亲在哪里见着了孩子？母亲是怎么鼓励孩子的？

（学生动笔书写，老师来回巡视，见大部分学生写完了，便请两位上台读）

生$_1$：快高中毕业了，在一次家长会上，老师很忙，见了这位母亲，热情地说："啊！您来了？您儿子进步不小，考上一般大学没有问题，但是，进入名校的概率很低。"母亲回家对孩子说："你进入一般大学可以录取，再加把劲就可以进入清华或北大了。"

师：语句不够顺畅，还改变了原来的意思。请修改一下，争取写得更好。

生$_2$：快要高中毕业了，一次家长会上，老师很忙，老师见了这位母亲，笑着打招呼："啊！您来了？您儿子进步很大。我看，他考上一般的大学一点都没有问题。不过，想考上清华、北大这样的重点大学，看来，可能性就不是很大。"家长会结束以后，母亲在学校门口看见了孩子……

师：对了，丰富自己的想象，在学校门口，母亲见到了儿子。母子俩会怎么说？

生：母亲走上前去，紧紧地抱住了儿子，兴奋地说："你的进步很大！老师表扬你了，说你考上一般的大学不在话下，想考上清华、北大这样的重点大学也应该不成问题！"

师：好！老师给你再加一句："即使留洋出国，考个哈佛大学什么的，也有希望啊！"

五、联系自我　以情激情

师：本课文的学习任务基本完成了。幼儿园、小学、初中……（边说边擦去黑板上的表格）请大家读黑板上的词语。

（学生一齐读黑板上书写的生字、词。每读一行，老师即擦去一行；学生一齐读课题，师擦去"的"字；学生分别读"母亲"与"鼓励"，老师再次强调"母亲是世界上最伟大的人""鼓励是人与人之间交往时重要的手段"。此时，黑板上只留下"鼓励"两个大字。）

师：你们得到过谁的"鼓励"？

生：老师、同学、爸爸……

师：得到鼓励就会进步，才会提高。下面我要说的是一个比较沉重的话题——我也得到过别人的鼓励。

四年前的一次体检，医生说："你患的是癌症。"我听了，犹如五雷轰顶，一下子懵了，精神彻底崩溃，整天以泪洗面。但是，将近四年过去了，我还坚强地活着！还站在这儿给你们上课。为什么？

因为——我不断得到众人的鼓励。试举三个别人鼓励我的例子：

第一，医生热情鼓励我："贾校长，这病并不可怕。"他希望我做到三点：持乐观态度；按时服药；积极锻炼。他还鼓励我："按目前情况看，你再活五年、十年不成问题。"我从医生那里获得求生的希望……

第二，来自孙子的鼓励。孙子上小学一年级，他知道我患的病不轻，哭着说："爷爷！我没有钱买水果给你吃，但是，我每天能给你带来一份快乐。"每天晚上八点，他准时打电话给我，向我报喜："爷爷，我今天帮助了一个同学，老师表扬我了!""爷爷，我数学考了一百分，老师夸我聪明!"听了他的话，我高兴得很，竟然忘记自己是个病人。

第三，"千课万人"的组织者张伯阳老师知道我患病以后，特地从杭州赶到上海探望我。我对他说："张老师，谢谢你对我的关心。碍于身体这样儿，看来，以后我不能来杭州上课了。"

张老师忙说："别这么说，我们杭州的小朋友全等着你去为他们上课呢!"听了张老师那番鼓励我的话，我就一天天地坚持着！等待着来到杭州为你们上课!

正因为有那么多人给予我热情的鼓励，所以，今天我还能在这儿和你们一起学习这一篇课文。这就是"鼓励"的力量!

师：你们有关于"鼓励"的故事吗?

生$_1$：我的同学鼓励过我。在读四年级时，一次英语考试没考好，我很伤心。我的知心朋友找我，她告诉我，老师是可爱的，会帮助你的。就这样，我开始慢慢喜欢上英语了。

生$_2$：有一次，我画画始终画不好，就很烦恼，把笔折断不画了。这时，爸爸鼓励我，他说，只要细心画，再多请教姐姐，肯定会画得好的。

生$_3$：我刚开始学习毛笔书法时，连"一"字都写不好，我想放弃了，书法老师对我说，不要紧，你一定能写好的。在老师的鼓励下，到现在，我已经坚持五年了。

师：好！你坚持再学五年，我就坚持再活五年。

师：（指黑板上的"鼓励"）这两个字的分量很重。一齐大声地读——"鼓励"。

得到别人鼓励的人，一定是幸福的人；懂得鼓励别人的人，必然是高尚的人。

假如没有了“鼓励”，我们这堂课的快乐也就暂告结束了。

（学生读毕“鼓励”，贾老师随手将“鼓励”两个字抹去。黑板上干干净净，一字不留）

师：下课。

《走进经典——〈论语〉接龙》课堂教学实录

丁惠臻

师：同学们，我们上课前来个一分钟“热脑操”运动——成语接龙。成语接龙的龙头，我们送给谁比较好呢？你说一下，你认为给谁比较好？

生：给各位老师比较好。

师：给台下的老师比较好。好，请你拿着话筒，到台下请一位老师说一个成语送给我们。

生：老师您好，请您说一句成语。

台下老师：一心一意。

生：谢谢老师，一心一意。

师：来，一心一意，好，大家接起来。

生：一毛不拔。

师：拔。

生：拔苗助长。

师：你说。

生：掌上明珠。

师：你来。

生：珠联璧合。

师：合。

生：合情合理。

师：大声说，理。

生：理屈词穷。

生：穷兵黩武。

生：武艺超群。

生：群雄逐鹿。

生：鹿死谁手。

生：手到病除。

师：除。

生：除暴安良。

师：良。

生：良药苦口。

生：口蜜腹剑。

生：剑胆琴心。

生：心猿意马。

生：马放南山。

师：山。

生：山清水秀。

生：秀外慧中。

生：中庸之道。

师：道。

生：道听途说。

生：说三道四。

生：四面楚歌。

生：歌功颂德。

生：德高望重。

生：重于泰山。

生：山重水复。

生：腹背受敌。

生：敌众我寡。

师：还有个“敌”的？

生：敌众我少。

师：咱们时间到。我们开始上课，今天我们走进商贸学校，走进经典接龙。首先我们进行经典接龙大满贯，今天大满贯的龙头，我想还是送给台下的老师。好，赵潇晗，拿了我的话筒，到台下请一位老师，说一句诗或词送给我们。

生：老师您好，请说一句词或诗送给我们。

台下老师：语重心长。

生：请说一句词或诗。

台下老师：日照香炉生紫烟。

生：谢谢老师。

师：同学们已经迫不及待地接出来了。

生：烟笼寒水月笼沙，夜泊秦淮近酒家。

师：家。

生：家家乞巧望秋月，穿尽红丝几万条。

师：条。

生：碧玉妆成一树高，万条垂下绿丝绦。

师：绦。

生：竹外桃花三两枝，春江水暖鸭先知。

师：知。

生：春色满园关不住，一枝红杏出墙来。

师：来。

生：最喜小儿无赖，溪头卧剥莲蓬。

师：蓬。

生：蓬头稚子学垂纶，侧坐莓苔草映身。

师：身。

生：深林人不知，明月来相照。

师：照。

生：今朝有酒今朝醉。

师：醉。

生：醉不成欢惨将别，别时茫茫江浸月。

师：月。

生：可怜九月初三夜，露似真珠月似弓。

师：弓。

生：会挽雕弓如满月，西北望，射天狼。

师：狼。

生：浪子回头金不换。

师：换。

生：醉不成欢惨将别，别时茫茫江浸月。

生：浔阳江头夜送客，枫叶荻花秋瑟瑟。

师：好，瑟。

生：一道残阳铺水中，半江瑟瑟半江红。

师：红。

生：落红不是无情物，化作春泥更护花。

生：花自飘零水自流，一种相思，两处闲愁。

师：好，“愁”。

生：莫愁前路无知己，天下谁人不识君。

生：君不见，黄河之水天上来，奔流到海不复回。

师：回。

生：贤哉回也，一箪食，一瓢饮，在陋巷，人不堪其忧，回也不改其乐。贤哉回也。

生：野径云俱黑，江船火独明。

师：明。

生：明月几时有，把酒问青天。

师：天。

生：天门中断楚江开，碧水东流至此回。

师："天行健，君子以自强不息。"我也见缝插针说一句。《易经》的第一句话。

生：会当凌绝顶，一览众山小。

师："小"，来，我们来个"小"字音开花。

生：晓看红湿处，花重锦官城。

生：春眠不觉晓，处处闻啼鸟。

生：对潇潇暮雨洒江天，一番洗清秋。

生：小时不识月，呼作白玉盘。

生：少小离家老大回，乡音无改鬓毛衰。

生：风萧萧兮易水寒，壮士一去兮不复还。

生：大弦嘈嘈如急雨，小弦切切如私语。

生：儿童相见不相识，笑问客从何处来。

生：笑渐不闻声渐悄，多情却被无情恼。

生：我自横刀向天笑，去留肝胆两昆仑。

师：很好！

生：待到山花烂漫时，她在丛中笑。

生：晓镜但愁云鬓改，夜吟应觉月光寒。

生：笑也不争春，只把春来报。

生：谈笑间，樯橹灰飞烟灭。

生：云母屏风烛影深，长河渐落晓星沉。

（掌声）

师：很好，一个"小"字读音，我们接了一二十句佳句，非常好，来，最后接到哪里了？

生：沉。

生：沉吟放拨插弦中，整顿衣裳起敛容。

生：一日之计在于晨，一年之计在于春。

师：春。还有没有？

生：春色满园关不住，一枝红杏出墙来。

生：野火烧不尽，春风吹又生。

师："生"，接下去。

生：生当作人杰，死亦为鬼雄。

生：滚滚长江东逝水，浪花淘尽英雄，是非成败转头空。

生：弦弦掩抑声声思，似诉平生不得志。

生：有志不在年高，无志空长百岁。

生：岁寒然后知松柏之后凋也。

师：也。

生：回也，其心三月不违仁，其余则日月至焉而已矣。

师：好。

生：欲穷千里目，更上一层楼。

生：昔我往矣，杨柳依依；今我来思，雨雪霏霏。

师：好！再有一个，你说一下。

生：飞流直下三千尺，疑似银河落九天。

生：天门中断楚江开，碧水东流至此回。

师：又是一个"回"，还有没有其他诗句？

生：蓦然回首，那人却在灯火阑珊处。

师：处。

生：几处早莺争暖树，谁家新燕啄春泥。

师：泥。

生：落红不是无情物，化作春泥更护花。

生：老师，我还有一个"泥"的。

生：出淤泥而不染，濯清涟而不妖。

师：还有没有？

生：零落成泥碾作尘，只有香如故。

生：故国神游，多情应笑我，早生华发。人生如梦，一尊还酹江月。

师：还有"月"的，来接一个。

生：我寄愁心与明月，随风直到夜郎西。

师：好，同学们，短短10分钟的时间，我们的大满贯，从诗词佳句到国学名言，接了上百句。记住，一个人腹有诗书气自华，在接下来的主题经典接龙中，我相信同学们依旧文思泉涌。

师：《论语》，伟大的精神瑰宝，诞生于我们齐鲁大地，它博大精深、源远流长，已经成为世界经典文化。之前《论语》中的“君子”“修身”“立志”“诚信”“交友之道”等我们都接过龙，今天我们再从《论语》中选取几点进行接龙，同学们仔细看我的板书。请快速从脑海中搜索与之相关的句子，记住了，多多益善。

（师板书）

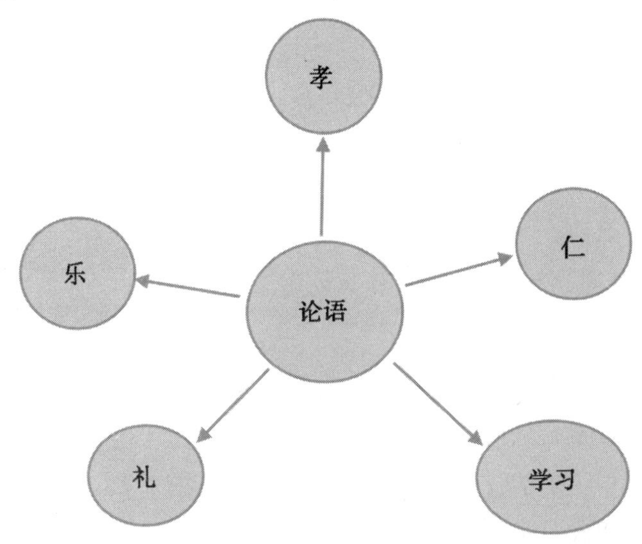

师：好，同学们，今天我们加把劲，一鼓作气开五个龙头，有没有信心？

生：有！

师：很好，百善孝为先，我们先从“孝”开始，2500年前，孔子对孝的问题做出了非常简单、朴素的理解，他是怎么谈孝的呢？想好的请举手。

生：今之孝者，是谓能养。至于犬马，皆能有养。不敬，何以别乎？

生：事父母几谏，见志不从，又敬不违，劳而不怨。

生：孝悌也者，其为仁之本与。

生：贤贤易色；事父母，能竭其力；事君，能致其身；与朋友交，言而有信。虽曰未学，吾必谓之学矣。

生：父母之年，不可不知也。一则以喜，一则以惧。

生：父母在，不远游，游必有方。

师：很好。

生：父在观其志，父没观其行，三年无改于父之道，可谓孝矣。

生：弟子，入则孝，出则悌，谨而信，泛爱众，而亲仁。行有余力，则以学文。

师：很好。试想一个人如果不敬、不爱他的父母，还能奢求他去爱别人、爱自己的国家吗？所以做人之根本，首先要从“孝悌”开始。

来，我们看一下“仁”。下面我跟大家商量一个问题，儒家理论的核心和精髓是什么？想一想，想好了举手。

生：仁、义、礼、智、信。

师：还有，刚刚我们说到的“孝”。除了“孝”，刚才一个同学说了一个什么？“忠”，还有一个，我提醒一下大家，子贡问曰：“有一言而可以终身行之者乎？子曰：“其恕乎！己所不欲，勿施于人。”

生：恕。

师：大声说，对，“恕”，宽恕、宽良之意。而“仁”在儒家理论中，占有极其重要的位置，是孔子和儒家思想的主要标志。因此，《论语》也有大量的言语谈仁说仁，同学们在读《论语》的时候，相信也一定积累了非常多的句子，下面我们谈一谈，好不好？

生：当仁不让于师。

生：君子以文会友，以友辅仁。

生：唯仁者能好人，能恶人。

生：巧言令色，鲜矣仁。

生：不仁者不可以久处约，不可以长处乐。

师：仁者安仁，智者利仁。

生：博学而笃志，切问而近思，仁在其中矣。

生：刚、毅、木、讷，近仁。

生：恭而无礼则劳，慎而无礼则葸，勇而无礼则乱，直而无礼则绞。君子笃于亲，则民兴于仁。故旧不遗，则民不偷。

生：智者乐水，仁者乐山。智者动，仁者静。智者乐，仁者寿。

生：如有王者，必世而后仁。

生：克己复礼为仁。一日克己复礼，天下归仁焉！为仁由己，而由人乎哉？

生：仁者，虽告之曰井有仁焉，其从之也？何为其然也？君子可逝也，不可陷也；可欺也，不可罔也。

生：智者不惑，仁者不忧，勇者不惧。

生：夫仁者，己欲立而立人，己欲达而达人。能近取譬，可谓仁之方也已。

生：人而不仁，如礼何？人而不仁，如乐何？

生：雍也人而不佞。子曰：焉用佞。御人以口给，屡憎于人，不知其仁，焉用佞？

生：堂堂乎张也，难与并为仁矣。

生：里仁为美，择不处仁，焉得知？

生：樊迟问仁。子曰：仁者先难而后获，可谓仁矣。

生：子贡曰："如有博施于民而能济众，何如？可谓仁乎？"子曰："何事于仁，必也圣乎！尧舜其犹病诸！夫仁者，己欲立而立人，己欲达而达人。能近取譬，可谓仁之方也已。"

师：还有没有说的？

生：子罕言利与命与仁。

生：子曰："仁远乎哉？我欲仁，斯仁至矣。"

生：子贡问为仁，子曰：工欲善其事必先利其器。居是邦也，事其大夫之贤者，友其士之仁者。

师：一句话，所谓的"仁"就是什么啊，一个人要拥有什么啊？"仁"就是像"樊迟问仁"，子曰，大声说。

生：爱仁。

师：就是爱仁，心中要有爱，与人为善。作为伟大的思想家、教育家，孔子对学习也给予了我们非常多的宝贵的财富，同学们在读《论语》的时候，相信也积累了很多有关学习的，谁起来谈谈？

生：学而时习之，不亦说乎？有朋自远方来，不亦乐乎？人不知而不愠，不亦君子乎？

生：三人行，必有我师焉。择其善者而从之，其不善者而改之。

生：学而不思则罔，思而不学则殆。

生：孔文子何以谓之文也？子曰："敏而好学，不耻下问，是以谓之文也。"

生：学如不及，犹恐失之。

生：君子以文会友，以友辅仁。

生：博学于文，约之以礼，亦可以弗畔矣夫。

生：子曰："温故而知新，可以为师矣。"

生：知之者不如好之者，好之者不如乐之者。

生：默而识之，学而不厌，诲人不倦，何有于我哉？

生：君子不重则不威，学则不固。主忠信。无友不如己者，过则勿惮改。

生：子以四教："文、行、忠、信。"

生：子曰："知之为知之，不知为不知，是知也。"

师：很好。

师：我相信同学们在漫长的学习生活中，对刚才同学们所说的会慢慢体会和感悟的。孔子 30 岁因礼而出名，开始广收学徒。中国素来是礼仪之邦，我想这和孔老先生的"礼"有很深的渊源。下面我们来看《论语》是怎样来谈礼的，请举手。

生：礼之用，和为贵。

生：非礼勿视，非礼勿听，非礼勿言，非礼勿动。

生：子曰："八佾舞全庭，是可忍，孰不可忍也！"

生：礼云礼云，玉帛云乎哉！乐云乐云，钟鼓云乎哉！

生：一人如仁礼俱在，则其人善；一人若仅礼无仁，则其虚伪也；一人若只仁弗礼，则不拘礼而其性爽也；一人若无仁无礼，非人禽兽也。

生：定公问曰："君使臣，臣事君，如之何？"子曰："君使臣以礼，臣事君以忠。"

生：先进于礼乐，野人也；后进于礼乐，君子也。如用之，则吾从先进。

师：很好，来，后面的同学，把话筒传到后面给他们机会。

生：里仁为美，择不处仁，焉得知！

生：子曰：麻冕，礼也；今也纯，俭，吾从众。拜下，礼也；今拜乎上，泰也。虽违众，吾从下。

生：不知命，无以为君子也；不知礼，无以立也；不知信，无以知人也。

生：信近于义，言可复也。恭近于礼，远耻辱也。因不失其亲，亦可宗也。

生：居上不宽，为礼不敬，临丧不哀，吾何以观之哉？

师：还有没有想说的？

生：人而不仁，如礼何？人而不仁，如乐何？

生：礼云礼云，玉帛云乎哉！乐云乐云，钟鼓云乎哉！

师：同学们看最后一个龙头，这个字在《论语》中有三个读音，一个是“yào”，智者乐水，仁者乐山。一个是喜欢的意思，一个是当音乐讲的“yuè”即“闻韶乐，三月不知肉味”。还有一个读音是读“lè”，快乐的意思。《论语》的真谛就是告诉我们，如何让我们的心灵过上那种快乐的生活。所以今天我们用这个“lè”音，好，《论语》中有哪些有关乐的句子？

生：学而时习之，不亦说乎。有朋自远方来，不亦乐乎。

生：《关雎》乐而不淫，哀而不伤。

生：知之者不如好之者，好之者不如乐之者。

生：贤哉回也，一箪食，一瓢饮，在陋巷，人不堪其忧，回也不改其乐。贤哉回也。

生：女奚不曰：“其为人也，发愤忘食乐以忘忧，不知老之将至云尔。”

生：智者乐水，仁者乐山；智者动，仁者静；智者乐，仁者寿。

生：饭疏食饮水，曲肱而枕之，乐亦在其中矣。

生：子曰：“兴于《诗》，立于礼，成于乐。”

生：闵子侍侧，訚訚如也；子路，行行如也；冉有、子贡，侃侃如也。子乐，若由也，不得其死然。

生：叶公问孔子于子路，子路不对。子曰：“汝奚不曰：其为人也，发愤忘食，乐以忘忧，不知老之将至云尔?”

师：好，同学们，每每我和你们读《论语》，我仿佛又感觉回到那2500年前的春秋时期，孔子赶着马车，带着书，周游列国，颠沛流离中，不失谆谆教诲。下面你们就是那七十二贤哲之一，提出疑惑，我来解答。请同学们勇敢地问，我答不上来的，没关系，三人行，必有我师焉，台下有上千的老师，肯定会帮助我们。或者由你自己来解答也行，好不好？同学们，想一想，弟子问，孔子答的，谁来问，好，你第一个举手，来问。

生：仲弓问仁。

师：仲弓问仁：“出门如见大宾，使民如承大祭；己所不欲，勿施于人；在邦无怨，在家无怨。”掌声鼓励啊！

生：君子亦有恶乎？

师：有恶。恶称人之恶者，恶居下流而讪上者，恶勇而无礼者，恶果敢而窒者。

生：仁者，虽告之曰，井有仁焉，其从之也？

师：“何为其然也？君子可逝也，不可陷也；可欺也，不可罔也。”对不对？

（掌声）

生：樊迟问仁。

师：好像有两个，一个是“爱仁”，还有一个是“仁者先难而后获”，对不对？

生：愿闻子之志。

师：老者安之，朋友信之，少者怀之。

生：贫而无谄，富而无骄，何如？

师：可也；未若贫而乐，富而好礼者也。

生：子张问仁于孔子。

师：“子张问仁于孔子。”提醒我一下，好不好？

生“能行五者……”

师：我想起来了，是“能行五者于天下，为仁矣”。

生：请问之。

师：请问之？我想一下，台下有没有帮助我的？恭、宽、信、敏、惠。恭则不侮，宽则得众，信则人任焉，惠则有功，敏则……

生：敏则有功，惠则足以使人。

师：对，敏则有功，惠则足以使人。

生：子贡问君子。

师：先行其言，而后从之。

生：君使臣，臣事君，如之何？

师：君使臣以礼，臣事君以忠。

生：子张问行。

师：子张问行？

师：“子张问行。言忠信……”你提醒我一下。

生：言忠信，行笃敬……

师：言忠信，行笃敬，虽蛮貊之邦，行矣。言不忠信，行不笃敬，虽州里，行乎哉？立则见其参于前也，在舆则见其倚于衡也，夫然后行。

生：子贡问为仁。

师：工欲善其事，必先利其器。居是邦也，事其大夫之贤者，友其士之仁者。

生：子夏为莒父宰，问政。

师：无欲速，无见小利，欲速则不达，见小利则大事不成。

生：子路问政。

师：先之，劳之。

生：克、伐、怨、欲不行焉，可以为仁矣？

师：台下的老师们，会的请举手，我特别需要帮助，这一个我还真是很陌生。

生：可以为难矣，仁则吾不知也。

师：谢谢你。回去请你吃雪糕。

师：还要问啊，非要把我问倒。

生：子夏问孝。

师：色难。有事，弟子服其劳，有酒食，先生馔。

生：赐也何如？

师："赐也何如？"来，你来。

生：汝，器也。

师：对，"汝，器也"，"你是一个器具"想起来了。

生：子游问孝。

师：今之孝者，是谓能养，至于犬马，皆能有养，不敬，何以别乎？

师：谢谢，谢谢大家，让我当了一回孔老先生。我们在学习《论语》、读《论语》的时候，也要在生活中不断实践《论语》。下面请同学们畅所欲言，我最喜欢的一句《论语》。想一想，结合着自己的生活实际来谈。

师：好，请你来回答。

生：我最喜欢的一句《论语》是"德不孤，必有邻"。这句话的意思是，只要你有道德，就会有志同道合的人来与你相伴。我有一个朋友她的名字叫仲新彤（同音），她特别喜欢帮助人，她品质很好，时不时地就会给予别人帮助，对人非常的热心，所以她与所有的朋友都相处得很好，人们也愿意与她做朋友。从这句话中我知道，只有品质好有道德的人，才会有人与你做朋友。

师：一个人是这样，邻居之间是这样，国家和国家之间怎么样？也是这样，那种爱战争、爱斗争的国家，其他的国家不但不与它为友，反而非常地鄙视它，对不对？从人到国家，到民族，都是如此。

生：我最喜欢的一句是"不迁怒，不贰过"。它的意思是不把怒气撒到别人身上，同样的错误不犯两次。比如说有一次爸爸妈妈工作遇到不顺心的事了，然后把怒气撒到我身上，我觉得这样是不对的。如果考试的时候，错了，下次不要再犯同样的错误了，这就是我最喜欢的一句。

师：一个人能做到"不贰过"，简直就是一个伟人。如果以后你父母再把气撒到你身上，你就写一个纸条，写上什么啊？

生：不迁怒，不贰过。

师："不迁怒"就行，好，来，请把话筒给他。

生：我最喜欢的一句话是"三人行，必有我师焉。择其善者而从之，其不善者而改之"。这句话的原意是我们三个人一起走，然后我们就可以学习别人的优点，来作为自己的优点，也可以去借鉴一下别人的缺点来改正一下自己。就拿我们班同学来说，我可以从朱恒毅的身上学习他对学习的认真刻苦，也可以从一些别的同学身上，看到他们做事比较马虎，然后借他们的马虎的缺点，来改正我自己本身比较马虎的缺点。从这句话中我领悟到了就是一个人应该去多多发现别人的优点，去接纳别人的优点，也应该去发现别人的缺点，改正自己的缺点。

师：刚才孟子蕴同学说的这句话，也很像《论语》中的另外一句话，是什么啊？“见贤思齐焉，见不贤而内自省也”。好，谁再来谈谈？

生：我最喜欢的一句话是“弟子入则孝，出则悌，谨而信，泛爱众，而亲仁。行有余力，则以学文”。我们做孩子的在家要孝顺父母，出门要尊敬兄长，广泛地与众人有爱，言行要谨慎，说话要算数。我从这句话中领悟到了，我们只有把这些事做好了，才能去学习经典文化知识来不断提高自己的水平。

师：说得太好了，同学们掌声鼓励！还有没有要谈的？

生：我最喜欢的一句话是“古者言之不出，耻躬之不逮也”。这句话的意思是说，古代的人话不轻易说出口，就是因为他们以“话即出口而自身却做不到”为耻，我觉得君子说出去的话像水一样，覆水难收，我们说出来了，就要做到，倘若我们做不到，就不要说出来。然后我们在说这句话之前，一定要想清楚，有没有能力承担这个后果，我觉得人与人之间应该遵守这个原则。

师：好，言必信，行必果。说得非常好，我也在深深接受着你的教诲。

生：我最喜欢的一句是“己所不欲，勿施于人”。这句话的意思是说，人自己不想做或者是做不成的事情，不要强加在别人身上让别人做。从这句话我懂得了，人应该有宽大的胸怀，待人处世方面切勿心胸狭窄，应该宽宏大量，宽恕待人。倘若自己所不欲的，硬推给别人，不仅会破坏自己与他人的关系，还会让事情弄得一发而不可收拾。人与人之间应该坚持这种原则，这是尊重他人、平等待人的体现。

（掌声）

师：说得真好，太好了，还有没有像他们一样说的？

生：我最喜欢的一句是“逝者如斯夫，不舍昼夜”。这句话的意思是逝去的就像这流水一样，白天黑夜都不停地流去，时间也是一样，失去的就再也回不来了，一寸光阴一寸金，寸金难买寸光阴，我们一定要在有限的时间里，学到无限的知识。

师：很好，珍惜时间的，还有没有？

生：我最喜欢的就是“君子一言以为知，一言以为不知，言不可不慎也”。这句话的意思是说君子一句话就可能表达他的聪明，也有可能表达出他的不聪明，说话必须要谨慎。从中我知道了，我们说话的思想要经过一些思考，不能一下子就把所有的话都说出去了，这样会显得非常的没有素养，不是一个君子。

（掌声）

师：说得非常好，言不可不慎也，说话和做人做事，要有一定的修养，很好。还有没有？

生：我最喜欢的一句话是：“益者三友，损者三友。友直，友谅，友多闻，益矣。友便辟，友善柔，友便佞，损矣。”我从这句话中懂得了，交到好朋友的标准就是正直与诚信，这样才能对自己有益，也能对别人有益。不能交那些花言巧语的朋友，那样对自己一点好处也没有。朋友像是一面镜子，能够照出自己的长处，也能照出自己的短处。

师：很好，这是孔老先生告诉我们的“交友之道”中的非常重要的一个原则。好，同学们，我们——再给你一个机会。

生：我最喜欢的一句话是“岁寒然后知松柏之后凋也”。这句话的意思是在这一年最寒冷的时候，松柏总是最后一个凋零的，借此也比喻品德高尚、遇到困难坚持不懈的人。今天仍然有一群人播撒着善的种子，比如说像我们的丁老师，从一年级就教我们《笠翁对韵》《弟子规》，要不然我们现在怎么能坐在这里上课呢？所以我对这句“岁寒，然后知松柏之后凋也”这句话有了更深的理解。（掌声）

师：谢谢你，是的，从一年级咱们就开始读经典，颂经典，背经典，关键是我们已经是用经典。上完这课，我们很快就毕业了，相信同学们在漫长的人生路上，路漫漫其修远兮，经典书籍不离手，相信好书会给大家带来更加幸福、精彩的人生，谢谢。下课。

生：老师再见。

师：我的宝贝们再见。

《祖父的园子》课堂教学实录

于永正

师：我自豪地说，我是山东人，山东莱阳人，生在莱阳，长在莱阳，长大了“背叛”了莱阳，到了江苏去了，好在还没出中国。亲爱的同学们，让你们久等了。我姓于，叫于永正，山东莱阳人，我们是老乡，欢迎我吗？

生：欢迎。

师：好，谢谢！上课！

生：起立！老师您好！

师：同学们好！请坐！我提个建议，今后说话、问候越自然越好。“老师您好——！”不要这样，“老师您好”或者“老师好”就行，越简洁越好。“老师好。”我说，“同学们好。”“老师，好——！”那就不自然了，同意我的意见吗？

生：同意。

师：起立！同学们好！

生：老师好！

师：请坐！慢慢来，不要着急。今天我们一起学篇课文，题目是——读

《祖父的园子》。

生：《祖父的园子》。

师：不自然，《祖父的园子》，读。

生：《祖父的园子》。

师：这个“的”要读得轻，《祖父的园子》。

生：《祖父的园子》。

师：正确。你们读了这篇课文有没有什么问题啊？有没有问题要提的？我看谁会思考？请讲！

生：在祖父的园子里发生了什么事？

师：这个大概你知道，只要读一遍课文就知道了。我说得对吗？

生：对。

师：因此这个问题可以不提，同意吗？好，请坐。提有价值的问题，没学懂，还有问题。没有啦？真的啊？读懂了的问题不要说。请。

生：祖父会在园子里干什么？

师：你知道吗？

生：不知道。

师：真不知道？不对，骗我的。好，请坐下，这个问题要不要提？祖父在园子里干什么了？一看就知道了，是不是啊？想难我的，想叫我回答是吧？这个问题不需要回答，同意吗？有什么问题，不懂的问题？

生：萧红是谁？

师：萧红是谁，这有简介，我们的课文有简介。苏教版教材是一类课本，有简介，后面有学习的要求，一看就懂了，好吗？这个问题也不要提。说。

生：作者为什么要写祖父的园子？

师：这个倒是一个问题啊，你思考了吗？思考了没有？应该思考了。没思考没有关系，那么这两节课我们就好好思考这个问题。两节课结束以后，你记着，如果我忘了，你站起来说，于老师这个问题我思考好了。好吗？其他的同学也可以思考这个问题，如果他没思考好，帮助他一起解决。那么我要提一个最简单的问题，你们不是学习过了吗？那我提个最简单的问题。现在读给我听，读。（课件出示“倭瓜”）

生：倭瓜。

师：什么叫倭瓜？请你告诉我。如果知道就知道，不知道就不知道。

生：不知道。

师：真不知道吗？如果不知道就猜，说不定就猜对了。记住我的话，今后考试，先思考，如果这个问题不懂，我就硬猜。猜不准乱写，胡乱写，说不定你写对了。如果一个字不写，零分，如果你万一写对，写对一半就有分。猜一猜。

生：应该就是一种瓜。

师：没错，万能的正确答案！应该是一种瓜，就是一种瓜，但是这样答没有分。不管怎么样，还要猜。谁要猜？不猜了？不敢猜？看来——，我一说“看来”，你们又要猜了。

生：我觉得可能是在园子里长的可以吃的瓜。

师：她加了一个词——“可以吃的”瓜，但是不可以生吃，不是黄瓜，还是没猜准。是不是想知道答案？

生：长得比较矮。

师：那个“倭”可不是“矮”的意思啊。

生：它们长在地上。

师：庄稼都长在地上，蔬菜都长在地上，没错。好啦，于老师可提个要求啦，今后学习的时候，只要遇到不懂的问题、不认识的字、不懂的词语，一定要通过查字典通过咨询别人把它搞清楚，这才叫真正的学习。否则就叫浮光掠影，那叫走马观花，那叫马大哈，不叫真正的学习。

于老师一查词典就知道了，“倭瓜”就是南瓜，吃过吗？能不能生吃？所以你回答的问题不准确。能吃的瓜，但是不能生吃，煮熟了吃，知道了吧？词典有，清清楚楚讲的，为什么不查词典？好，通过今天这个“倭瓜”的“倭”的理解，希望你们知道学习应该怎么去学。

预习得怎么样？于老师想请你们看一看，课后要求写的 7 个字。看大屏幕，苏教版的教材，凡是要求我们写的字都是书法家写的，不是电脑的。这 7 个字是书法家刘有林写的，和你们书上的一模一样，只不过我的是红色的，因为你们的是复印的，红色变成黑色的了。好好观察，这些字不全是生字，好多都是学过的字，但是要求写，观察一下，肯定会写，能不能写得规范，不好说。好，看好了吗？拿出田字格本来，听写几个字。请你站起来，推荐四位“书法家”，咱们班的小书法家，写字好的，两个男同学，两个女同学。

生：王池祥（音）。

师：被推荐的同学赶快到前面去，迅速地啊。你们到黑板上听写，动作要快。再推荐。

生：汪雨卓（音）。

师：快。第三，再推荐两个男同学。

生：王天任（音）。

师：快。

生：张正岩（音）。

师：好，请。其他同学做好听写的准备，你们拉开距离，不要互相看，拉开距离，懂吗？但是如果万一不会写，可以互相看。你们也是的，万一不会写看书，万一不会写可以看啊。

第一个字“帽”，“草帽”的“帽”，祖父戴一顶大草帽，“我”戴一顶小草帽，“帽子”的“帽”。注意坐姿，头抬起，不但要写得正确，而且要写得规范，入楷书之体。第二个字，“韭菜”的“韭”，“韭菜”的“韭”，“韭菜”的“韭”。第三个字“抛”，远远地就“抛”给祖父，把那个谷穗“抛”，“抛”过去，当然是提手旁了。

嗯，好了吗？写好的同学请回。请回！看黑板，这个“帽”错了，这个“帽”对了，这个“帽”对了，这个“帽”对了。这四个“帽”写得比较好的，入楷书之体的，比较好的，是这个，这个也可以。“帽”，大家看大屏幕，怎么写？注意看，请老师也注意看，这是什么？念什么？

生：日。

师：不念“日”，如果写“日”就错了。

生：曰。

师：也不念“曰”，写“曰”也错了。注意观察，这两横，怎么样？两边谁都不靠，注意了吗？抬起右手，跟我写“帽”。“巾”字旁，不要写太长，这个竖要写长，上边不是“日”，上宽下窄，这两横谁都不靠到，这两横谁都不靠。那这个字念什么呢？念“mào”，最早我们古人写“帽子”的“帽”就是这样写的，是一个象形字。（边讲解边板画）看，这是帽檐，这两个是保护耳朵的，最早的“帽”是这么写的，明白？

从今以后，“帽”字不要写错。再看“韭”，这个“韭菜”不好，得整容。看我（用手轻轻抹去写得不够规范的部分——给字“整容”），好看了吗？人胖了不好看，字胖了也难看。第二，第二竖要高于第一竖，同学们，整容以后好看吗？规范与不规范之间，只是一点之差，因此仔细地观察，每个字到底是怎么写的。

郭沫若为什么说写好字可以使人细心，道理就在这里。看大屏幕，“韭菜”的“韭”，第二竖比第一竖要怎么样啊？高一点，字要写得瘦一点。这个“韭”稍微好一点，但是这个地方太长了，往上去一下。好看不好看？这叫紧凑，字要写得紧凑。整容，是不是好一点？

这个“韭”也胖了。这四个“抛”于老师都不满意，抬起右手，跟我写“抛”。这个字要写得紧凑，不然的话就很宽，很难看。好，上去，第一个竖撇不要高于提手旁这个竖勾，略低于它，横折勾要插进去，穿插进去，这样一来这个字就不分家，就紧凑。好，横折勾再起笔，这个竖，不要超过这个竖，书法家刘有林这个。最后这个竖撇写得不规范，书法家也有写得不规范的时候。

好，拿起笔来，把三个字各写一遍，动作要快，一看，二写。先看字帖，字帖的字怎么写的，看好了再写。照着字帖写，才能写好字，谁离开了字帖都写不好字，因为写字不是想当然的。写对的比较容易，写规范的很难，因此要照着字帖写。你叫什么名字？大声说。

生：王晓函（音）。

师：我很欣赏你的字，很欣赏你现在写的字，不是开始写的字。叫什么名字？

生：昭阳小雪（音）。

师：哦，四个字啊。我很欣赏你现在写的字。这三个字写得很好。尊姓大名？

生：王池祥（音）。

师：我很欣赏你现在写的这三个字。好，写好了吗？请坐好，把笔放下。亲爱的同学们，好好写字，因为字是人的第二张脸，字是人的一张名片，当于老师在黑板上写下课题的时候，就是给你们递上了一张名片，就是让你们看到了于老师的第二张脸。于老师的第一张脸很难看，第二张脸还能说得过去，看了不吓人，同意吗？不同意。那你为什么不同意？

生：都好看。

师：都好看，老师们，这是我们的学生，可爱的学生。第一张脸很难看，纵横交错的皱纹，像蜘蛛网一样，怎么能好看呢？（诙谐的语气）

请大家打开书，请你们再次走进祖父的园子，好好地看，用眼睛好好地看，你都看到了什么？请大家再次走进祖父的园子，认真地看，仔细地看，你都看到了什么？把你看到的在底下画一道横线，做个记号。我告诉你，祖父的园子里有好多好多的东西，有好多好多的。看细了，目光锐利，善于发现。默读，要有一定的速度，读书要善于做记号。

认真地走一遍，认真地走一趟。好，很好，画得很好。（生默读，圈画，老师巡视，俯身和学生小声交流）目光锐利。画到哪儿啦？把你看到的都做上记号，很好，看得很仔细。好，你看完啦？又走了一遍，好，请坐端正。这叫——读书，默默地读，静静地读。请你告诉我，当你再次走进祖父的园子的时候你看到了什么？注意听别人发言，别人说过的不要再重复，你先讲。

生：看到了蜜蜂、蝴蝶、蜻蜓、蚂蚱。

师：一下子就看到了四种，把蜻蜓、蚂蚱写上去。你替他把蝴蝶，还有蜜蜂写上去。动作要快。你呢？

生：我还看见了一顶大草帽，一顶小草帽。

师：噢，那看得怪仔细，你看到草帽底下的什么？还有别的吗？

生：还看到了草帽底下的祖父和我。

师：哦，看到人了，当你要写“我”的时候——

生：加引号。

师：为什么？

生：因为这里的“我”是作者，不是真正的自己。

师：不是你，也不是我，好，很聪明，把“祖父”和“我”写上去。

你呢？

生：我看到了鸟、草还有谷穗儿。

师：“小鸟、野草”。“谷穗儿”好呢还是“谷子”好？

生：谷子。

师：嗯，谷子，谷穗儿是谷子的一部分。请你，“野草、小鸟”写上，请你把“谷子”写上。还有呢？请！

生：我看到了祖父铲地，“我”也铲地。

师：哦，看到他们做的事，还有哪些事吗？

生：我把……

师：他们除了铲地还做了哪些事呢？

生：祖父把锄头……

师：光用一个词说那个事，什么事？铲地是一件事。

生：割草。

师：割草，铲地和割草差不多。还看到做了别的事吗？你把“铲地”写上。

生：还有摘花和拔草。

师：还干别的事了吗？“拔草”写上去。还看到他们做了什么事吗？请讲。

生：浇水。

师：“浇水”写上去。好的，你看到了什么？

生：我看到祖父把“我”叫过去，告诉“我”谷子不是狗尾草。

师：哦，这是一件事，是吧？那就暂时不写，还有别的东西吗？

生：我看到了狗尾草。

师：狗尾草有吗？写上狗尾草，还看到了什么？

生：我看到了太阳。

师：太阳哪儿都能看到，不写同意吗？好，请坐。

生：我看到了玉米和倭瓜。

师：你把“玉米”写上，你替他把“倭瓜”写上。“玉米”“倭瓜”，写快一点。还有补充的吗？请。

生：我还看到了黄瓜。

师：把黄瓜写上。

生：我还看到了虫子。

师："虫子"有没有？虫子？"虫子"没有吧，写上"虫子"。

生：我还看到了水瓢。

师：哦，水瓢，东西都看到了，不写，暂时不写了。看得真仔细。

生：我看到了作者她玩累了就在房子底下找了一个阴凉地方睡着了。

师：哦，"睡觉"，"睡觉"写上。哦，好厉害的眼睛啊！我看这些字谁写得好。我用红笔画圈的字谁写的？站起来，黄瓜的"黄"，祖父的"祖"，"我"，还有"野草""小鸟"，谁写的？书法家，你们是我们班的小书法家，请坐，于老师很欣赏你们写的字。

好，亲爱的同学们，看黑板，如果于老师这样问你，你走进祖父的园子都看见了什么？如果不动脑筋的同学站起来，把黑板上的词都念一遍，那是不动脑筋。会动脑筋的小朋友，用几个字就概括了，这叫聪明。

当你走进祖父的园子你都看到了什么？聪明的同学用几个词就概括了。不举手，想好，不举手。虽然很多很多，一黑板，但是我只用几个词就概括出来了。不说，不举手，小声告诉我，你怎么回答？（附耳听学生说悄悄话）你非常聪明。还有谁，谁想说的？小声说啊，小声说，千万不要叫别人听见。聪明，但是最后一点要说得更好一点，好的，看来我们班真聪明，五年级几班的？五一班，排头兵，排头兵，领头羊，就是不简单。

好，想好了吗？当你走进祖父的园子你看到了什么？我看谁聪明，大将你等着，你二位等着，如果别人发言我都不满意，你们站起来说，好不好？你们仔细听。谁先说？好，你很活跃，请你告诉我，你看到了什么？

生：一片生机勃勃的景象。

师：哇！（听课老师大笑）没想到，一片生机勃勃的景象！景象不行，因为这里好多东西不是景象，比如说祖父是景象吗？不行，显然不行。好，用几个词概括一下，谁来说？大将做好准备啊。请你，"我走进了祖父的园子"。

生：我走进了祖父的园子，看到了一些植物、昆虫、祖父和我。

师：植物、昆虫、祖父和我，小鸟是昆虫吗？植物很好，我很欣赏，植物，还有什么物？

生：动物。

师：还有吗？

生：昆虫。

师：昆虫就是动物啊！脑子有点混，没有好好想。你已经让我比较满意了，但是不是太满意，不是很满意，再继续思考。你来说。

生：人物。

师：人物，莫名其妙，什么人物啊？怎么回答我的问题的啊。

生：我走进祖父的园子看到了人物、景物、动物和干的事。

师：人物、景物，那黄瓜、南瓜也是景物的一种哦，不太理想。他的回答我比较满意，有两个原因，一个动物，一个植物，我比较满意，动物植物我很满意，还有什么物？你说。

生：还有人物。

师：还有看到人物，再加一个，以及，以及，以及——卡壳了，请你来说。

生：以及人物干的事。

师：再说“人物”就不好听，以及他们做的事，“干”不好听，以及他们做的事，同意吗？从这说一遍，我走进祖父的园子——

生：我走进祖父的园子，看到了动物、食物，事物。（学生误把“植物”说成了“食物”）

师：哦，不是吃的哦，那事物不能吃，有的不能吃，南瓜叶子不能吃。

生：我看到了动物、植物还有人物以及他们干的事。

师：“还有”要划掉，“还有”是多余的，去掉更简洁，重说一遍。

生：我走进了祖父的园子，看到了动物、植物、人物以及他们干的事。

师：掌声响起。到现在她的回答我才是满意的。亲爱的同学们，好好学语文，学好语文才能会说话，就这么简单的一个问题，说好要动脑筋。更聪明的同学，用两个字就概括了，“我走进了祖父的园子，看到了许多……”下面加两个字，大声说，我走进了祖父的园子——

生：我走进了祖父的园子，看到了事物。

师：许多！

生：看到了许多的事物。

师：掌声送给他。它们一个共同的名字叫事物，这叫聪明，会思考，会表达，好好学语文。谁愿意到前面来跟我对话？大将出马好不好？来，过来一下。大将一直在等待，在耐心地听咱们的对话。我的要求是先概括地说，然后具体地说，怕不怕？对我笑一笑，对老师笑一笑，笑是不害怕的表现。请问你，你走进了祖父的园子，看到了什么？

生：看到了许多事物。

师：许多事物，先概括地说。告诉我，都有哪些事物？

生：有动物、植物，还有——

师："还有"不能轻易用，最后用。

生：还有——

师："还有"最后用，不能轻易用"还有"。

生：动物、植物、人物以及他们做的事情。

师：如果"以及"不用，"还有"他们做的事情，明白？这叫会表达，来告诉我，园子里都有哪些动物啊？

生：有小鸟，蜜蜂，蝴蝶，蜻蜓，蚂蚱，还有虫子。

师：这叫不动脑筋。动脑筋的小朋友，说这么三两个用一个字就行了。听见吗？（有学生悄悄提醒）"电话"打过来了，重说。你走进了祖父的园子，看见了哪些动物？

生：小鸟，蝴蝶，蜜蜂等。

师：我就等你这个"等"，掌声响起。再告诉我，祖父的园子都有哪些植物啊？

生：野草、谷子等。

师：哦，聪明了，不多说了，说两个就赶快说"等"，掌声响起。这叫会说话。亲爱的同学们，学好语文，一定要，多读书。好，请大家再次走进祖父的园子，这次用心看，当你用心看的时候，你又看到了什么？透过这表面的文字，你看懂了什么？读懂了什么？也就是说这些文字的背后，作者想告诉我们什么？用心看。用心看，就是思考。好，默读全文，把你看到的，在旁边写上去。哦，我看到了什么了，用心看到了什么了，在文字的背后你看到了什么了，就写上去，但是不是一个词，也不是两个词，是很多很多的。（生默读，批注）把你写的给我看，念给我听。不要把一句话都写下来，一个词就行了，最多是半句话，或者是一句话，可以写一个词。

用心看，就是用心去想。不要写这句话，这句话最关键的词写下来就行。这个比第一步难，这是最重要的一种本领，读懂文字背后的意思，因此要用心读，认真地去思考。把你写的给我看。好，写一个词的举手，写出一个词的举手，写两个的举手，三个的举手，四个的举手。这个本领很重要，要学会这个本领，高年级了，要读懂文字背后的意思。我相信你们会读懂的，这篇课文比较好懂。写好的举手。好，交流。当你再次走进祖父的园子，用心去看的时候，你看到了什么？你发现了什么？这位举手的，你先念。

生：当我再次走进祖父的园子，用心看到的是祖父的园子是自由的。

师：自由，把“自由”写上去，就是“自由”后面还要加一个词，叫“自由……”？

生：自由自在。

师：把“自由自在”写上，这是她的理解，她看出了“自由自在”。你呢？

生：当我再次走进……

师：不要再这样说，直接回答问题。

生：无忧无虑和自由自在。

师：“自由自在”有了，把“无忧无虑”写上，真是“无忧无虑”的。请你说。

生：快乐和有趣。

师：“快乐”写上，“有趣”你替她写上，你替她写“有趣”。大将等会儿举手。

生：无拘无束。

师：“无拘无束”写上，这是她的——

生：作者的童真。

师：能看出“童真”很了不起，写上“童真”，写大一点。

生：我看出了作者的天真可爱。

师：天真可爱。“天真”写上，“天真可爱”都写上。这边还有发言的吗？好，该这边的了。好，请！

生：我看到了祖父的关爱。

师：关爱，“关爱”写上，还有比“关爱”更贴切的吗？

生：生机勃勃。

师：把“生机勃勃”写上。大将等会儿出马。

生：看到祖父的宽容。

师：把“宽容”写上，大将还有别的“容”么？

生：包容。

师：把“包容”写上，大将就是大将！还有补充的吗？还有吗？说。

生：我看到了祖父的耐心。

师：把“耐心”写上。祖父对于“我”不是一般的爱，叫什么爱？祖父对于“我”不是一般的爱，叫什么爱？“慈爱”不对，不准确，不是“慈爱”，到了什么程度了？大声说。

生：疼爱。

师：还有什么爱？

生：宠爱。

师：把“宠爱”写上，会写“宠”吗？不是一般的爱，是“宠爱”，宠爱她，宝盖头一个龙。好，还有补充的吗？看黑板，下面就要欣赏字，欣赏字啊。“快”不错，“拘”写得很好。一般，呵呵，一般。谁写得“快”？“快乐”的“快”。站起来。谁写“无拘无束”的？站起来。于老师很喜欢你们的字，继续练，请坐。

好，看黑板。当我们用心看的时候，看到了文字背后的意思，这些都是。这篇课文，作者最想告诉我们的是，她的祖父对她非常的宽容，非常的包容，不是一般的爱，是宠爱，宠爱。这是因为作者有了包容、宽容、宠爱她的祖父，才有了作者的无忧无虑，才有了作者的自由自在、天真可爱，才有了她的童真童趣。正是因为作者无拘无束、自由自在，所以在她眼中的一切景物，黄瓜也好，南瓜也好，动物也好，都是自由自在的……这正是作者要告诉我们的。这位男同学，作者为什么写这篇文章，知道了吗？知道意思了不？她就是想告诉我们这个。

好，请坐，作者就是想告诉我，她有一个好祖父，她有一个快乐的童年，无拘无束的，是个淘气的调皮的童年。谁写“调皮”了？在哪里写的？刚才我叫谁写“调皮”，没过来？

哦，亲爱的同学们，读书要学会思考，带着思考去读书，才能读懂文字背后的意思，这个本领要好好掌握，好好练习，因为你们长大了。好，这是用心读的结果。亲爱的同学们，这篇课文，作者就是想告诉我们她有一个幸福的童年，有一个慈祥的疼爱她的祖父，有个宽容的包容她的祖父。大家看，哪些事是写了她的童真童趣的，写了她的天真可爱的，写了祖父对她的宽容的？哪件事写得比较具体，给你留下的印象比较深刻？

看，看课文，那么多的事情，铲地也好，浇水也好，种小白菜也好，睡觉也好，哪一件事写得比较具体，给你留下了深刻的印象？哪一件事最能看出祖父对她的包容，对她的宠爱，看出作者的调皮，童真童趣？哪一件是比较具体啊？请讲。

生：我印象最深的就是，那个作者把狗尾草当成谷穗给割了。

师：这件事叫什么事呢？叫……刚才写了两个大字，叫“铲地”，是不是啊？“铲地”这件事写得比较具体，好，大家目光聚焦“铲地”这件事。“祖父铲地，我也铲地”，一直到“真像割尾巴”。一起朗读这件事，个人读个人的，然后咱们比赛一下，看谁朗读得好。谁敢向于老师挑战？每人练一遍。出声读，好好练。

练完啦？好像积极性不太高，是不是对于老师很轻视，轻视我，觉得于老师很好对付？好，坐端正。咱们班哪位女同学？好，推荐一位女同学读得比较好的。

生：彭菲影（音）。

师：哪位？这位啊，其他同学同意吗？

生：同意。

师：平时她朗读得比较好，是吧？我问一下，她会不会表演？有没演过节目？会表演的，谁朗读得好，而且会表演？再推荐一位，也可以推荐男同学。没有？哪一位？他？会表演吗？演过节目吗？胆子大吗？课本剧，你演过课本剧吗？你演过？好，你先读第一句我听一听，看书。

生：祖父铲地，我也铲地。

师：往下读。

生：因为我太小，拿不动锄头杆。

师：哎，错了一个字，读第几声？读第三声。全班同学看我，这个“杆”如果是很长的棍，或者铁棍，这样很长，就念“gān”，旗杆。如果比较短，那么长，那么长，就要念“gǎn”。记住没有？长的念“gān”，短的念“gǎn”，钢笔杆儿，枪杆儿，锄头杆儿，明白？记住没有？坐下去。你来读这一段。读前面几句。

生：祖父铲地，我也铲地，因为我太小，拿不动锄头杆，祖父就把锄头杆拔下来，让我单拿着那个锄头的头来铲。

师：嗯，通过这个朗读，我发现你读得比那位同学稍微好一点，好得不太多啊，你落选了，请坐。笑眯眯地坐下了，表现的是一种心胸。请你过来，拿着课本，我决定和她比赛朗读。女士优先，你先读，同意吗？

生：同意。

师：其他同学好好听，看我们两个谁读得好。你好好拿纸，我给你拿话筒。

生：祖父铲地，我也铲地，因为我太小，拿不动锄头杆，祖父就把锄头杆拔下来，让我单拿着那个锄头的锄头来铲。

师：锄头的头来铲。

生：让我单拿着那个锄头的头来铲，其实哪里是铲，不过是伏在地上，让锄头乱割一阵，我认不得哪个是苗，哪个是草，往往把谷穗当作野草割掉，把狗尾草当作谷穗留着。当祖父发现我铲的那块地还留着一片狗尾草，就问我：“这是什么？”我说：“谷子。”祖父大笑起来，笑够了，把草拔下来，问我：“你每天吃的就是这个吗？”我说：“是的。”我看祖父还在笑，就说：“你不信，我到屋里拿来给你看。”我跑到屋里拿了一个谷穗，远远地抛给祖父，说：“这不是一样的吗？”祖父把我叫过去，慢慢讲给我听，说：“谷子是有芒针的，狗尾草却没有，只是毛嘟嘟的，很像狗尾巴。”

师：正确流畅，就一个字读错了，没有关系。比较流畅，语气我也比较喜欢，但是读对话的时候，还要好好努力。于老师读了，你特别注意于老师怎么读对话的，你先到座位上坐好听。其他的同学把课文纸放下，现在需要你们看于老师的脸，尽管难看。好好看我的脸，看我的表情，听我的声音，听于老师的语气，这篇课文和苏教版课文稍有不同，可能有的地方不同。看好，听好。

祖父铲地，我也铲地，因为我太小，拿不动那锄头杆，祖父就把锄头杆拔下来，让我单拿着那个锄头的头来铲，其实哪里是铲，不过是趴在地上用锄头乱钩一阵，我认不得哪个是苗，哪个是草，往往把谷穗当作野草割掉，把狗尾草当作谷穗留着。当祖父发现我铲的那块地还留着一片狗尾草，就问我，这是什么？我说："谷子。"祖父大笑起来，笑够了，把草拔下来，问我："你每天吃的就是这个吗？"我说："是的。"我看祖父还在笑，就说："你不信，我到屋里拿来给你看。"我跑到屋里拿了一个谷穗，远远地抛给祖父，"看，这不是一样的吗？"祖父把我叫过去，慢慢讲给我听，说："谷子是有芒针的，狗尾草却没有，只是毛嘟嘟的，很像狗尾巴。"（读得惟妙惟肖，掌声不断）

我读对话是不是比你读得好一点？作者很天真，很幼稚。祖父很耐心，很宽容。把谷穗给铲掉了，还大笑，还有这样好的祖父吗？同学们，大家看，作者是怎样把这件事写得有趣的？请你看，默读这一段，作者是怎样写祖父的，怎样写祖父对她的宽容、对她的宠爱的？而作者又是怎样天真幼稚，错了还不认帐，祖父的话还没说完，就跑了，干什么去了？逮蚂蚱去了，吃黄瓜去了。

默读第一段，"铲地"的第一段，祖父铲地，"我"也铲地，这一段里面有一个词，真是让我感动，这个词真能够充分地反映出祖父对"我"的宽容，对"我"的包容，对"我"的宠爱。这个词你们一定会发现的，哪一个？其实就是一个字，哪一个？发现了吗？小声告诉我。（一生悄悄告诉答案）正确。小声告诉我，大将。（附耳听，大将小声回答：拔）

师：你先说，说完不一样，大将再站起来说。

生：拔。

师：同意吗？

生：同意。

师：大家把这个圈出来，圈大一点。因为“我太小我拿不动锄头的杆，祖父就把锄头的杆拔下来，单让我拿着锄头的头铲”。天底下还有这样好的祖父吗？一个“拔”字，所以同学们读书要会抓关键的词。在我看来，祖父对“我”的包容，对“我”的宽容，对“我”的宠爱，还有一句话。当“我”把谷穗铲掉了，祖父怎么表现的？一起说。

生：大笑。

师：“哈哈大笑”，把“大笑”圈出来，还有这样好的祖父吗？把谷穗铲掉了，祖父不但不批评，反而大笑。再往下看，“我”那么固执，那么天真，把谷穗远远地抛给祖父，还说，“这不是一样的吗？”祖父怎么讲给“我”听的？

生：慢慢地。

师：把“慢慢地”圈出来，这样关键的词要会抓。祖父的宠爱、祖父的宽容都在这字里行间，更重要的是在祖父的语言里。再听我读，看我，看。“我把谷穗给铲掉了，狗尾草留着，祖父发现了”，看我的表情——“这是什么？”这样读行吗？“这是什么?!”那叫慈祥吗？那叫笑吗？不对。“谷子。”“你每天吃的就是这个吗？”祖父的慈祥、祖父的宽容还在他的话里面。因此，亲爱的同学们，写人物的对话？非常重要，一切在对话里面，一切在细节里面。请你过来，咱们俩再把祖父和“我”的对话读一读，不要拿课本了，好不好？你读“我”的话还是祖父的话？

生：“我”的话。

师：你做小孩，好的，来。还有话筒不？没有了。这是锄头，锄头在锄啊，我把杆拔掉了，你在这里铲，你会铲地吗？忙起来。看我，看地，我说你铲掉了，把谷子铲掉了，光看我，能不铲掉吗？忙起来，使劲，停停停。“这是什么啊？”（生表演，读）

生：谷子。

师：哈哈哈哈，你每天吃的就是这个吗？

生：是呀。

师：是的。（纠正，示范）

生：是的。

师：哈哈哈哈，跑啊。拿着扔啊，说啊。

生：你不信，我拿给你看。

师：这不是？

生：这不是吗？

师：这不是一样的吗？

生：这不是一样的吗？

师："哈哈哈哈哈，来来来，哎呀，我告诉你啊，谷子是有芒针的，狗尾草却没有，只是毛嘟嘟，很像狗尾巴。"你听完了吗？没听完跑啊，去吃黄瓜去啊。好，请坐。

亲爱的同学们，对话重要不重要？请你再看，认真看这个故事、这件事，作者是怎样写对话的？是分段写的，眼睛看，一定要看，作者是分段写人物对话的，一个人说的话就是一个自然段，不管你说多少话，哪怕只说两个字也要占一个自然段。记住，这样读书才会帮助你写好作文。好，亲爱的同学们，坐端正。

其实通过这个故事的学习，如果让你写一件事、写一件趣事也很简单。第一事要选好，第二写好对话，第三写好细节。好多"趣"在对话里面，在说的话里面，因此要写好对话。每个人都有幸福的童年，天真有趣的童年，每个人的童年都留下好多趣事，我也是的，你们更是的。现在请你们回忆一下，从你记事的那一天开始，一直到现在，有哪些难忘的童年的趣事。这个趣事可能就是一句话，就是一个动作，就是淘气的一句话，也可能是一个恶作剧，想好。

放下，有话则长，有的趣事就三行，比如说"浇水"。大家看，"浇水"怎么写的？祖父在那里浇地，她也去浇地，她把水舀起来往哪儿泼的？往天上泼，而且大叫"下雨啦，下雨啦"，有趣吧？就是一个动作，一句话，有的可以三两行就写完了，有的七八行就写完了，很简单。想一想哪些趣事，哪些有趣的语言，有趣的对话。好，想好的同学，拿起笔来，不要加任何的题目，把你的一件难忘的童年的趣事写下来。我告诉你们，于老师也写了一件童年的趣事，我保证，你读了我的童年的趣事一定会笑，甚至还会说我，而且我还写过我孙女的一件趣事。等你们写完了咱们交流，看谁写得好，谁写的事能让人听了哈哈大笑，好不好？

写对话分段。动手，十分钟的时间。如果哪个小朋友，现在需要那个，需要方便，悄悄地从这出去，二楼，我看好地点了，二楼一拐弯就是的，一下楼梯就是的。谁需要的话赶快去，动作要快，悄悄地去，不要请假，多难为情啊。报告于老师，我想那个。想去就去，从这下去，我就知道有人撑不住劲了。女同学不要不好意思啊！其他同学抓紧时间写，你看大将，我们的大将，在这儿埋头写作。在这写，字可以写小一点，在田字格边写，如果没带本子的话，就在田字格边写，很好，十分钟以后咱们交流，注意坐姿，头抬起，身子挺直。（生写，老师巡视和学生交流，指导修改）

“一天”，下回别再“一天”了，我们喜欢这样的开头——“一天”。我喜欢这样的开头——“五岁那年，有一天”。我不喜欢这样的开头——“童年是幸福的，童年的趣事像天上的繁星”，这样的开头很诗意，但我不喜欢。开门见山。把年龄交代出来更好，如果不交代年龄，人家会误以为是你长大以后的事情。要么几岁，要么上几年级，上幼儿园都可以。好，你写得比较快啊，到目前为止，你写了三行，快三行了，还是比较快的一个。

“一天，五岁那年的一天，爸爸在搬箱子”，碰到你吗？碰到谁了？胳膊上突出来的肌肉是吧？

生：嗯。

师：叫什么？

生：肱二头肌。

师：你想问爸爸叫什么是吧？

生：嗯。

师：好，很有意思啊。写完了？哟，大将这么快啊。很有意思，到底是大将，虽然只有三行，但很有趣。可怜吧，很可怜吧。写好了吗？这个“又”画掉，这个“一边”画掉。这个“又”画掉，很好，太有意思了，把那个“又”画掉，好，真棒！最后三分钟，抓紧时间。写完了吗？拿来我看。有意思啊，来来来，你再念一念，妈妈说什么话了吗？

好了吗？念一遍，每个同学念一遍，好好念啊，念完了咱们交流，大声念，让我听到你的声音。好文章是改出来的，怎么改？再念、再念、再念。有人请教老舍先生、叶圣陶先生，问怎么改作文？他们两个异口同声地说，再念、再念、再念。好好念。好，念完了吗？大班长站起来，谁是大班长？你到前面来，不要带作文纸啊，到前面帮我做一件事情。好高的个子啊，今年几岁了啊？

生：快 11 岁了。

师：还不到 11 岁就长这么高。我想请同学来读作文，这边请一个，这边请一个，谁来读，你自己来定。这边找一个女同学好吧，这边找一个男同学。

生：彭思影（音）。

师：好。这边找个男同学。谁平时跟你过不去，不听你班长的话，叫他来。

生：王贺晓（音）。

师：请，来吧，都过来。男同学走得不太情愿啊。你写完了吗？是不是对班长很有意见？

生：嗯。

师：真的，你喜欢作文吗？

生：喜欢。

师：这次写完了吗？基本上写完了。

生：写完了。

师：先请你来念。待会儿你会感谢班长的啊。大家注意听，洗耳恭听哦。看看哪个地方值得我们学习，哪个问题值得我们注意。

生：一天，我 4 岁时吃蕃茄酱。

师：静下来，“一天，我 4 岁时吃蕃茄酱”，这句话怎么改？“4 岁的时候有一天”，“我 4 岁的时候有一天”，把“4 岁”放前，“有一天”放后，会改吗？

生：会。

师：往下读。

生：我 4 岁的一天，吃蕃茄酱，吃着吃着吃完了，用勺子挖起辣酱就往嘴里送。吃到肚子里以后，我被辣得不轻，结果我被辣哭了起来。

师：哭了起来，到了肚子才知道辣，到了嘴里就没有感到辣吗？

生：直接就咽下去了。

师：哦，直接吞下去了，多贪吃哦，把蕃茄酱吃完了，看还有红红的跟蕃茄酱一样的东西，大概也好吃吧，于是挖了一汤勺，整个就吞到肚子了，囫囵吞枣这样。谁知道吞到肚子以后这个辣椒酱发作了，辣得胃疼。

生：对。

师：嗷嗷直叫。

生：嗯。

师：哇哇大哭。

生：嗯。

师：事好不好？真是好事。回去好好改一改，好不好？哎哟，没想到选这么一件好事，这个事情我从来没有听过，而且我觉得很有趣，我很喜欢。我很想把你的作文留下来，抄一抄。整理好，叫你老师寄给我，好不好？

生：好。

师：叫什么名字？

生：王贺晓（音）。

师：真了不起，谢谢班长推荐这么好的同学，那么好的作文啊！你现在有没有什么话要对班长说？看着班长说。什么话都没有吗？

生：嗯。

师：应该有，应该有，这个应该有。

生：谢谢班长吧。

师：给你一个机会，叫于老师发现了你。是不是？

生：是。

师：给班长鞠个躬吧。鞠个躬也好。班长会还礼的。站起来，班长。你看，鞠个躬，你不会吃亏的，你一鞠躬她一定会还礼的。

生：啊，真鞠躬啊？

师：那假鞠躬啊？你要感谢不得鞠躬啊？鞠。你看班长怎么回礼的？班长回礼啊！班长没有礼貌。看还礼了吧，不吃亏吧？

生：不吃亏。

师：好，请回。你看，开始讨厌班长，现在谢谢班长。你写完了吗？

生：写完了。

师：好，读。我5岁那年的一天，爸爸在搬箱子的时候，我不经意间看到了爸爸胳膊上突起来的肌肉。

师：哦，这个肌肉是吧？（指自己的胳膊）

生：嗯。

师：你很善于观察。

生：于是就用小碎步跑过来，摸摸爸爸的胳膊，又摸摸自己的小胳膊。

师：哦，对比，“小碎步”我喜欢，为什么“小碎步”我喜欢呢？因为她很小，5岁，跑的步子不可能大。知道什么叫“小碎步”了吗？为这“小碎步”加5分。

生：又摸摸自己的小胳膊，问：“爸爸，这突出来的肉是什么呀？”“嘿嘿，这你就不知道了吧，这是爸爸的二头肌。”爸爸笑着说。我叉着腰说：“哼，你骗人，姥姥家的鸡从来都是一个头的！”爸爸听了哈哈大笑。

师：哈哈，二头肌，哎呀，真天真啊！好作文，太优秀了！这个要投稿的话，整理整理，叫你老师给你投稿。请回。谢谢班长，推荐了两篇非常好的作文。刚才我在几个同学的作文草稿上画了个五角星，谁画了五角星？过来，带着作文过来。谁的作文画了五角星了？动作要快。嗯，女士优先，女士先读，班长先读。其他同学洗耳恭听。

生：我四岁的一天，妈妈化妆时，问我：“宝贝，妈妈老不老啊？”我一边摆摆手，又一边笑着说……

师：这个“又”画掉，“我一边摆摆手，一边笑着说”，“一边”画掉，“我摆摆手笑着说”。

生：不老不老，妈妈还没有长胡子呢！

师：掌声响起，“不老不老，妈妈还没有长胡子呢！”几岁？

生：四岁。

师：天真可爱，掌声再次响起，请回。大班长，来，过来，你看，你今年几岁了？

生：11。

师：班长也11，你看——（学生害羞地把脸遮住了）赶快把脸盖起来？不要盖，我长到73岁才长那么高呢，你很快就赶上我了。来，读。

生：在我5岁的一天。

师：不太通，“我5岁的时候有一天”，这样就通顺了。往下读。

生：我看到桌子上有一个银色的电话，突然电话响了，我拿起话筒说：“喂，是谁？”我听到爸爸的声音，就说：“爸爸你怎么在电话里不出来啊？”我就使劲拍电话筒，爸爸笑了笑，就把电话挂了。妈妈看到后，问我：“你干吗呢？”我把来龙去脉给妈妈讲了一遍，妈妈笑着说：“电话是人类的通话工具，怎么能从电话里出现人呢？”现在回想起来真想哈哈大笑。

师：好笑不好笑？很好，掌声响起。小时候打电话，接到爸爸的电话说：“爸爸你怎么不从电话里出来啊？”这样的事大概都有。掌声再次响起。你先读，接着读。

生：五岁那年，有一天，我爸爸抱着我去玩，半路上爸爸说：“儿子下来自己走吧，爸爸的胳膊都酸了。”我闻了闻爸爸的胳膊说：“不酸啊。”

师：因为没有醋的味道，哪里酸啊？爸爸怎么说啊？

生：爸爸说：“傻孩子，这个‘酸’不是那个‘酸味’的‘酸’，而是累得发酸啊。”

师：“累得发酸啊！”爸爸哈哈大笑说。好不好？加个“哈哈大笑”就更棒了。掌声响起，大将就是大将。

生：四岁半的时候，妈妈叫我去买盐，我看见盐里面有一些小黑点。回到家后，妈妈出去找我了，我就在厨房里面打开水龙头，像妈妈淘米一样，把盐洗得干干净净。妈妈回来后，知道我干的事，马上冲进厨房，对我咆哮：“你怎么把盐给洗了？盐不能洗！”然后怒气冲冲地为我收拾厨房。后来妈妈哭笑不得地给我讲：“盐遇水会化掉，以后老师会告诉你的。”现在我想起这件事还会哈哈大笑。

师：洗盐，幼稚，洗盐，盐化了，化了一半。

生：全化了。

师：那洗的时间太长了，难道你没有发现化了吗？

生：水有点脏。

师：水有点脏，也看不出化了多少。哎，有没有这样的同学，我写得很有趣，如果不让我读，我中午饭就吃不下去，晚上觉都睡不好。有愿意读的吗？给个机会，多好的机会啊，你们缺乏勇气。好，看老师写的，是不是急于看于老师写的？刚才哪个同学落选了，大将落选了，大将你替我读。能看见吗？

生：能，还读题目啊？

师：读题目。

生：“礼物”，这是发生在……

师：停下来，“礼物”加什么号了？加引号了你有什么想法？这个“礼物”有问题，肯定有问题，带着问题往下读。

生：这是发生在小学四年级的事。我的同桌叫蔡华——女的。她人倒是挺好，就是爱管我。上课偷看小人书，管我；和别人说话，管我；偷着画画儿，也管我。我稍有不满，她就威胁我：“不听，我告老师去！”我心里想：得治治她！一天早自习，我送给她一个小盒子，悄悄地说，“这是我送给你的礼物，请收下。”她接过去，问：“里边装的什么礼物？”“小小的礼物，但现在千万不能打开。”她说：“越不让我开，我越得开！”她打开盒子，里面有一个小纸包，她把小纸包打开，里面又是一个小纸包，她再把小纸包打开，里面还是一个纸包！我赶紧说：“最后一个纸包别打开了，再打开礼物就跑了！”她越发要打开！最后一个小纸包一打开，她吓得尖叫一声，把纸包扔在地上！就大声骂道：“你这个大坏蛋！你别叫于永正了，叫于永歪算了！”原来，纸包里包的是一条毛毛虫！

师：谁说我“真坏”？于老师坏不坏？坏，够坏的啊。但是记住一句话，冰心说，淘气的男孩是好的，淘气的女孩是巧的，不淘气不好。好，请这位大将再替我读第二篇，我写我小孙女的。你朗读得非常优秀。

生：欢欢。欢欢是我的小孙女，三岁半了。一天早上，她拿着我的剃须刀，对我说：“爷爷，剃须刀饿了。”“是吗？”我笑了，“那，喂它什么呀？”“喂胡子呀！它把你的胡子吃到肚子里，就不饿了。”说着她推了一下开关，剃须刀立刻叫起来。她认真地说：“看，它饿了吧？肚子咕咕叫了吧？”我刮完了胡子，欢欢抢过剃须刀放在嘴巴下面来回蹭着，说：“它还没吃饱呢，我再喂它一点。”我哈哈大笑说：“小心刮破了皮。”

师：谢谢你的朗读。（出示课件）这是我小孙女，用我的剃须刀刮胡子，叫我照下来了，有意思吧。看看于老师是怎样写这件事的，怎样写对话的。对话分段写，清晰，清爽，记住哦，写对话要分段哦。亲爱的同学们，回去以后，再写两件童年趣事，整理好，抄在作文本上交给你们老师看，你们老师看了一定非常高兴，改一篇笑一次，改一篇笑一次，改到最后你们老师就该上幼儿园了！下课！

生：起立！老师再见！

师：同学们再见！谢谢各位老师，谢谢！

《去年的树》课堂教学实录

王崧舟

一、于平淡中品味天天相伴的美好

师：《去年的树》是一篇童话故事，故事的开头是这样写的，谁愿意读一读？

（屏幕出示：一棵树和一只鸟儿是好朋友。鸟儿站在树枝上，天天给树唱歌。树呢，天天听鸟儿唱）

生：（朗读）一棵树和一只鸟儿是好朋友。鸟儿站在树枝上，天天给树唱歌。树呢，天天听鸟儿唱。

师：读得真好，谁愿意再来读一读？

生：（朗读）一棵树和一只鸟儿是好朋友。鸟儿站在树枝上，天天给树唱歌。树呢，天天听鸟儿唱。

师：读得真棒！一棵树，一只鸟；一个唱，一个听。多好的朋友，多好的日子，我们一起美美地读一读。预备，起——

生：（齐读）一棵树和一只鸟儿是好朋友。鸟儿站在树枝上，天天给树唱歌。树呢，天天听着鸟儿唱。

师：鸟儿给树唱歌，可能会在什么时候？

生：可能会在春天，可能会在秋天。

师：可能会在春天，可能会在秋天，他猜想了季节的不同。

生：可能在树孤单的时候。

师：你注意到了心情的不同，可能在树孤单的时候，真好！谁还有不一样的猜想？

生：可能在早上，可能在晚上。

师：也有可能。是的，鸟儿给树唱歌可能在春天，可能在秋天；鸟儿给树唱歌，可能在树孤独的时候，也可能在树高兴的时候；可能在早上，也可能在晚上。那么，那么多种可能，你是凭这一段话当中的哪一个词语猜想出来的？

生：我在“天天”这个词语发现的。

师：你的目光真敏锐，没错，就是这个“天天”，一起读——

生：（齐读）天天。

师：再读——

生：（齐读）天天。

师：两个“天天”。我们一起读文章的这个开头，注意读出“天天”的感觉和味道来。

生：（齐读）一棵树和一只鸟儿是好朋友。鸟儿站在树枝上，天天给树唱歌。树呢，天天听鸟儿唱。

师：正是这样的“天天”，给了我们多少美好的想象，带给我们多少美好的画面。（舒缓的背景音乐响起，屏幕依次出现鸟儿在早晨、晚上、春天、秋天等各种背景中站在树上唱歌图片，同时呈现文字：鸟儿站在树枝上，给树唱歌。树呢，听着鸟儿唱）

师：大家看，当太阳露出笑脸的时候——

$生_1$：（朗读）鸟儿站在树枝上，给树唱歌。树呢，听着鸟儿唱。

师：当月亮挂上树梢的时候——

生$_2$：（朗读）鸟儿站在树枝上，给树唱歌。树呢，听着鸟儿唱。

师：当森林里的雪都融化了的时候——

生$_3$：（朗读）鸟儿站在树枝上，给树唱歌。树呢，听着鸟儿唱。

师：当叶子在秋风中飘落的时候——

生$_4$：（朗读）鸟儿站在树枝上，给树唱歌。树呢，听着鸟儿唱。

师：迎着风，迎着雨——

生$_5$：（朗读）鸟儿站在树枝上，给树唱歌。树呢，听着鸟儿唱。

师：走过春，走过夏——

生$_6$：（朗读）鸟儿站在树枝上，给树唱歌。树呢，听着鸟儿唱。

师：这真是一段美好的时光。

（音乐继续，屏幕依次出现鸟儿在夏天、晚上等各种背景中站在树上唱歌的图片，同时呈现文字：鸟儿站在树枝上，给树唱歌。树呢，听着鸟儿唱）

师：你再听，鸟儿站在树枝上，给树唱着优美的歌，树呢？

生$_7$：听着鸟儿唱。

师：你再听，鸟儿站在树枝上，给树唱着快乐的歌，树呢？

生$_8$：听着鸟儿唱。

师：鸟儿站在树枝上，给树唱着夏日小情歌，树呢？

生$_9$：听着鸟儿唱。

师：鸟儿站在树枝上，给树唱着晚安小夜曲，树呢？

生$_{10}$：听着鸟儿唱。

师：是的，这是一段多么美好的时光啊！就这样，一天又一天，一年又一年，读。

生：（齐读）鸟儿站在树枝上，天天给树唱歌。树呢，天天听着鸟儿唱。

师：多好的日子，多好的朋友，带着这样的感受，再来读一读这个开头。

生：（齐读）鸟儿站在树枝上，天天给树唱歌。树呢，天天听着鸟儿唱。

师：孩子们，由这两个“天天”，你体会到了什么？

生：我体会到了鸟儿和树这对好朋友在一起的时间很长。

师：这是你的体会。

生：他们是形影不离的好朋友。

师："形影不离"这个词用得真好！

生：鸟儿和树的友谊地久天长。

师：哎哟——"地久天长"，感情是那样的深——

生：深厚。

师：好的，我把这个词写下来，你们不妨也在文章的开头批注"深厚"两个字。（板书：深厚）

师：我们再来读一读这个故事的开头，体会他们那段形影不离十分深厚的感情。预备，起——

生：（齐读）鸟儿站在树枝上，天天给树唱歌。树呢，天天听着鸟儿唱。

师：孩子们，读着读着，你的眼前仿佛出现了一棵怎样的树，出现了一只怎样的鸟儿呢？来，打开作业纸，请你展开想象，写一写你脑海中浮现的树的模样，鸟儿的外貌。（板书：写外貌）写的时候，请你用上"特别"这个词语。

（屏幕出示：一棵树和一只鸟儿是好朋友。树长得____________鸟儿呢，长得____________。学生在音乐中想象写话，教师巡视）

师：好，孩子们，请停下手中的笔。大家都知道，森林里会有千万棵树，森林里也有千万只鸟，是吗？那么，这棵树长什么模样，这只鸟又有怎样的外貌呢？谁来读一读你写的这棵树？

生：树长得特别茂盛，郁郁苍苍的，引人注目。

师：写得多好！先概括地写"特别茂盛"再具体地写怎么茂盛。请你再读一读具体的"怎么茂盛"。

生：郁郁苍苍的，引人注目。

（教师板书：茂盛、郁郁苍苍、引人注目）

师：这是树，谁来读一读鸟儿呢？

生：鸟儿呢，长得特别小巧玲珑。

师：（板书：小巧玲珑）"小巧玲珑"这个词用得特别好。

生：（继续）像个小天使。

师：这个比喻真贴切。孩子们，我们看黑板。森林里有千万棵树，然而我们的鸟儿只为这样一棵树唱歌，他长得特别——

生：（齐答）茂盛。

师：郁郁苍苍的，引人注目。

师：森林里有千万只鸟儿，我们的树只喜欢听这只鸟儿为他唱歌，她长得特别——

生：（齐答）小巧玲珑。

师：像个小天使。

师：同学们，借鉴这两位同学的写法，你试着修改一下自己写的树和鸟的外貌，先写“特别怎么样”，然后具体地写“怎么样”。（学生修订作业，教师巡视指导）

师：好的，同桌之间互相读一读。

（学生交流写作练习）

师：孩子们，森林里有千万棵树，而我们的鸟儿只为这一棵树唱歌，他长得特别——

生：茂盛。

师：森林里有千万只鸟，而我们的树只喜欢听这一只鸟儿为他唱歌，她长得特别——

生：小巧玲珑。

师：是的。在千万棵树中遇见这样一棵树，在千万只鸟儿中遇见这样一只鸟儿。这是一段多么深、多么深的缘分哪！当你体会到这一点的时候，我们再来读一读这个故事的开头，我想，你的感受又会不同。

生：（齐读）一棵树和一只鸟儿是好朋友。鸟儿站在树枝上，天天给树唱歌。树呢，天天听着鸟儿唱。

师：可是，孩子们，你一定已经发现了，在我们这个故事的开头，并没有写树的模样，是吗？

（教师擦去板书：茂盛、郁郁苍苍、引人注目）

师：在我们这个故事的开头，也没有写鸟的外貌，是吗？

（教师擦去板书：小巧玲珑）

师：如果故事的开头有了树的模样、鸟的外貌的描写，会带给我们什么感觉？

生：美好的感觉。

生：感觉很具体。

师：是啊，仿佛树和鸟就在我们面前了。但是故事既没有写树长什么样，也没有写鸟儿长什么样。（在“写外貌”前，板书“不”，形成“不写外貌”）读了这样的开头，你又有什么感觉？

生：有点疑惑的。

生：有点不清楚的。

生：有点不生动。

师：是的，这样的文字带给我们的感觉，我们可以用一个词来命名它，就叫平淡。你可以在开头标注“平淡”这个词。（教师板书：平淡）至于平淡还会带给我们什么感觉？你还可以继续往下读这个故事。打开课文，自由地朗读《去年的树》，看看这个故事接着发生了什么，最后的结局又是什么。好，开始。

（学生自由朗读课文）

二、于平淡中品味苦苦寻找的执着

师：好了，读书的声音渐渐轻下去了。看到你们读得这样投入，老师很感动。读完这个故事，我想大家一定记忆犹新，在我们这个故事当中一共出现了五个会说话的人物，谁还记得是哪五个？不看书。

生：树、鸟儿、大门、树根、小姑娘。

师：说得真好！没错，在我们这个故事当中出现了这五个会说话的人物，他们都会说话，在故事当中他们都说过话。来，让我们一个一个地找，先找一找树和鸟儿之间的对话。找到了，谁来读？

生：（朗读）“再见了，小鸟！明年春天请你回来，还唱歌给我听。”“好的，我明年春天一定回来，给你唱歌。请等着我吧！”

师：没错，这是他们之间的对话。我们继续找，找鸟儿和树根之间的对话。

生：（朗读）“立在这儿的那棵树，到什么地方去了呀？”“伐木人用斧子把他砍倒，拉到山谷里去了。”

师：是的，这是鸟儿和树根之间的对话。我们再找，鸟儿和大门之间的对话。

生：（朗读）“门先生，我的好朋友树在哪儿，您知道吗？”“树么，在厂子里给切成细条条儿，做成火柴，运到那边的村子里卖掉了。”

师：好的，最后是鸟儿和小女孩儿之间的对话。

生：（朗读）“小姑娘，请告诉我，你知道火柴在哪儿吗？”“火柴已经用光了。可是，火柴点燃的火，还在这盏灯里亮着。”

（屏幕出示四次对话）

师：没错，孩子们，你们看五个人物四次对话，构成了我们这个童话故事最重要的内容。这样，我们一起来读一读这四次对话。好吗？怎么读呢？咱们来分一下角色。

（师生交流商定，一生读鸟儿的话，四个组的同学分别读树、树根、大门与小女孩的话，教师读旁白。师生合作分角色朗读四次对话）

师：真好，都读得非常好！就是有一个人没读好。知道谁没读好吗？

生：鸟儿没读好。

师：不对，鸟儿读得非常好。

生：小姑娘没读好。

师：小姑娘的也不错。

生：我觉得树读得不好。

师：你们太谦虚了，树读得非常好。大门也读得很好。

生：旁白读得不好。

师：再说一遍。

生：旁白读得不好。

师：再说一遍。

生：旁白读得不好。（全场笑声）

师：他是实话实说，真是，旁白没读好。当然，这也不能怪我，因为我发现我读的提示语，或者说旁白，太简单了。读着没劲。你看，是吧！“树对鸟儿说"，怎么说？你再看，"鸟儿说"，怎么说？你再看，"鸟儿问树根"，"鸟儿问大门"，"鸟儿问女孩"，就那么简简单单的三个问，你让我怎么读？真没办法读啊！

师：孩子们，你说怎么样的提示语读起来有味道、有感觉啊？

生：给提示语加上形容词和动词会让它更有感觉，更有感情。

师：是啊！你真有经验，怎么加提示语的动词，怎么加提示语的形容词？其实咱们这个单元前面学过的课文就给我们做了非常好的榜样，大家看，前面的那个童话，叫什么来着？

生：（齐答）《巨人的花园》。

（屏幕出示）

巨人见到孩子们在花园里玩耍，很生气："谁允许你们到这儿来玩的！都滚出去！"

巨人又发脾气了："好容易才盼来春天，你们又来胡闹。滚出去！"

"喂！你赶快滚出去！"巨人大声斥责。

师：这个童话中就有关于人物说话的很好的提示语。来，第一句谁愿意读？

生：（朗读）巨人见到孩子们在花园里玩耍，很生气："谁允许你们到这儿来玩的！都滚出去！"

师：嗯，好的，谁来读读第二句。

生：（朗读，声音微弱）巨人又发脾气……

师：脾气不够大，再来。

生：（朗读，声音有力）巨人又发脾气了："好容易才盼来春天，你们又来胡闹。滚出去！"

师：我们一起来读读第三句。

生：（齐读）"喂！你赶快滚出去！"巨人大声斥责。

师：请注意，巨人是大声斥责的。我们再读一次，预备，起。

生：（齐读，感情更充沛）"喂！你赶快滚出去！"巨人大声斥责。

师：你看，这样的提示语读起来才有味道，才有感觉。我相信每一句提示语当中的某一些词儿一定会带给你一种特殊的感觉，比如说第一句当中的——

生：很生气。

师：再比如说，第二句当中的——

生：又发脾气。

师：是的，又比如说第三句当中的？

生：斥责。

师：大声斥责。

生：（提高音量）大声斥责。

师：没错。孩子们，这些词或形容或动作，反映的是人物的心情和表情。我们读这些旁白的时候，情绪就特别容易调动出来。但是，你看看咱们这个故事，“树对鸟儿说”，怎么说的，没感觉。“鸟儿说”怎么说的，没感觉。这样，我们替它加一加。打开作业纸，在这些人物提示语的中间加一加能够反映它的表情和心情的词语。（板书：写表情）（学生练笔，教师巡视）

师：好的，孩子们停下手中的笔。我们先来看一看树跟鸟儿的那一次对话。

（屏幕出示）

树____对鸟儿说：“再见了，小鸟！明年春天请你回来，还唱歌给我听。”

鸟儿____说：“好的，我明年春天一定回来，给你唱歌。请等着我吧！”

“立在这儿的那棵树，到什么地方去了呀？”鸟儿____问树根。

她____问大门：“门先生，我的好朋友树在哪儿，您知道吗？”

鸟儿____问女孩：“小姑娘，请告诉我，你知道火柴在哪儿吗？”

师：好，不要着急，让我们重新走进这个故事，在故事当中，我们来好好揣摩、体会他们内心的情感。一棵树和一只鸟儿是好朋友，鸟儿站在树枝上，天天为树唱歌。树呢，天天听着鸟儿唱。日子就这样一天一天地过去，寒冷的冬天就要来了，鸟儿必须离开这里，到很远很远的地方去过冬。眼看着这么一对朝夕相处、形影不离的好朋友就要分手了，这个时候，树的心情是什么？鸟儿的心情又是什么？

生：树依依不舍地对鸟儿说：“再见了，小鸟！明年春天请你回来，还唱歌给我听。”

师：树的心情是依依不舍。(板书：依依不舍)

生：鸟儿难过地说："好的，我明年春天一定回来，给你唱歌，请等着我吧!"

(教师板书"难过")

师：好的，请坐。一对好朋友就要分手了，一个是那样的依依不舍，一个是那样的难过。是的，这是人之常情，还有不一样的写法吗?

生：树恋恋不舍地对鸟儿说："再见了，小鸟！明年春天请你回来，还唱歌给我听。"

师：(板书：恋恋不舍)鸟儿呢?

生：鸟儿含泪说："好的，我明年春天一定回来，给你唱歌，请等着我吧!"

师：鸟儿是含泪说。(板书"含泪")

师：真好！孩子们，树和鸟儿要分别的时候，一个依依不舍，一个难过；一个恋恋不舍，一个含泪。有了这样的体会，有了这些提示语，我们再来读一读树和鸟儿的对话，我来读旁白，这次我保证能读好。

(师生根据板书，加上提示语，再次合作朗读树和鸟儿的对话，声情并茂)

师：是的，这样一对好朋友，他们分手时依依不舍，就在他们分手的时候，他们之间有了这样一次约定。

(屏幕出示)

"再见了小鸟！明年春天请你回来，还唱歌给我听。"

"好的，我明年春天一定回来，给你唱歌，请等着我吧。"

生$_1$：(读)再见了小鸟！明年春天请你回来，还唱歌给我听。

生$_2$：(读)好的，我明年春天一定回来，给你唱歌，请等着我吧!

师：孩子们，这是一个春天的约定，这是一个心心相印的约定。带着这个约定，树开始了这个冬天最漫长的等待。寒风起了，大雪落了，但是树的心里充满了温暖，因为他的心里装着一个春天的约定——

生$_3$：(读)再见了小鸟！明年春天请你回来，还唱歌给我听。

生$_4$：(读)好的，我明年春天一定回来，给你唱歌，请等着我吧!

师：我们的鸟儿开始了跋山涉水，她飞过了高山，飞过了大河，飞过了原野，飞过了沙漠。她飞得千辛万苦，然而她的心里却是甜的，却是温暖的，因为她的心里一样装着一个春天的约定。

生$_5$：（读）再见了小鸟！明年春天请你回来，还唱歌给我听。

生$_6$：（读）好的，我明年春天一定回来，给你唱歌，请等着我吧！

师：是的，就这样，第二年春天来临的时候，鸟儿迫不及待地从远方飞了回来，她飞呀飞呀，她越过千山万水，她终于到达了这片森林，来到了她的好朋友树的地方。然而，眼前的这一幕却让她惊呆了。孩子们，此时此刻，鸟儿的心情会是什么样的呢？

（屏幕出示）

“立在这儿的那棵树，到什么地方去了呀？”鸟儿____ 问树根。

生：“立在这儿的那棵树，到什么地方去了呀？”鸟儿焦急地问树根。

师：你再问一问，焦急地问。

生：“立在这儿的那棵树，到什么地方去了呀？”鸟儿焦急地问树根。

师：是的，她焦急，她不安，因为她的好朋友树不见了。她对自己说，怎么会这样？树啊树，不是说好了我还要回来给你唱歌吗？难道你忘了我们这个春天的约定了吗？

（屏幕出示）

“再见了小鸟！明年春天请你回来，还唱歌给我听。”

“好的，我明年春天一定回来，给你唱歌，请等着我吧。”

生$_1$：（读）再见了小鸟！明年春天请你回来，还唱歌给我听。

生$_2$：（读）好的，我明年春天一定回来，给你唱歌，请等着我吧！

师：然而，事情的结果让人特别揪心。伐木人把树砍倒了，拉到山谷里去了。鸟儿告诉自己，必须去找，必须找到自己的好朋友，我还要为他唱去年的歌。就这样，鸟儿飞向了山谷，飞到了工厂，她来到了工厂的大门前。这时，她的耳旁传来了锯木头的“沙、沙”声，她知道，自己的好朋友树一定会更加危险。孩子们，这个时候，鸟儿的心情又是什么呢？

生：她心急如焚地问大门：“门先生，我的好朋友树在哪儿？您知道吗？”

师：心急如焚哪！（板书“心急如焚”）

师：孩子，你有过心急如焚的时候吗？请体会体会你心急如焚的那份感觉，来，再来读鸟儿的话。

生：（再读，情感加强）她心急如焚地问大门："门先生，我的好朋友树在哪儿，你知道吗？"

师：是的，她心急如焚，她能不心急如焚吗？然而答案再一次令人不愿相信，因为她的好朋友树被切成了细条条做成了火柴。那一刻，鸟儿感觉到自己的世界已经没有了春天，她又一次跌入了那个可怕的冬天。然而，她的耳边又一次响起了那一场关于春天的约定。

（屏幕出示）

"再见了小鸟！明年春天请你回来，还唱歌给我听"。

"好的，我明年春天一定回来，给你唱歌，请等着我吧"。

生$_1$：（读）再见了小鸟！明年春天请你回来，还唱歌给我听。

生$_2$：（读）好的，我明年春天一定回来，给你唱歌，请等着我吧！

师：这个约定一遍一遍地在她心中回响着——

生$_3$：（读）再见了小鸟！明年春天请你回来，还唱歌给我听。

生$_4$：（读）好的，我明年春天一定回来，给你唱歌，请等着我吧！

师：就这样，带着这个约定，鸟儿继续了她的寻找。她飞呀飞呀，她飞向了村子，飞向了暮色。她来到了小女孩的身边，此时此刻，鸟儿的心情又是什么呢？

（屏幕出示）

鸟儿____问女孩："小姑娘，请告诉我，你知道火柴在哪儿吗？

生：鸟儿伤心欲绝地问女孩："小姑娘，请告诉我，你知道火柴在哪儿吗？"

师：伤心欲绝。（板书：伤心欲绝）孩子，你知道"伤心欲绝"的"欲"当什么讲吗？

生：将要。

师：对，她伤心得快要死了，她伤心到了极点了。鸟儿伤心欲绝地问女孩——

生（齐读）：小姑娘，请告诉我，你知道火柴在哪儿吗？

师：孩子们，你们一定不会忘记，鸟儿这一问是这个故事当中的最后一问。来，我们一起替鸟儿问最后一问。鸟儿伤心欲绝地问女孩——

生：（齐读）小姑娘，请告诉我，你知道火柴在哪儿吗？

师：孩子们，我们回头看黑板。真没想到，原来在鸟儿、在树的心中有那么丰富的感情啊！当一对好朋友分手的时候，一个是那样的？

生：（齐答）难过。

师：一个是那样的——

生：（齐答）恋恋不舍。

师：第二年春天，鸟儿回来寻找她的好朋友——树的时候，她发现树已经不见了。这时，她的内心是如此的——

生：（齐答）急切。

师：当她知道自己的好朋友被伐木人砍倒，拉到工厂里去的时候，她更是变得——

生：（齐答）心急如焚。

师：当她知道自己的好朋友树已经被切成细条条、做成了火柴的时候，她已经变得——

生：（齐答）伤心欲绝。

师：孩子们，从鸟儿的心情当中我们分明能够感受到她跟树之间的那一份感情。这份感情如果用一个词儿来形容的话，那就是——

生：（齐答）深厚。

师：请允许我再写一遍深厚，你也可以在书上再写一遍。（板书：深厚）让我们体会着这样的感情，再来读一读鸟儿的这些对话。我读旁白，你们读人物的对话。

（师生根据板书，加上提示语，再次合作朗读文中的四次对话，声情并茂）

师：通过这样的写，通过这样的读，我们分明感受到了鸟儿和树之间的感情是那样的——

生：（齐答）深厚。

师：然而，在我们这个故事当中，有写树的“依依不舍”和“恋恋不舍”吗？

生：（齐答）没有。

（教师擦去板书“依依不舍”和“恋恋不舍”）

师：有写鸟儿的“难过”和“含泪”吗？

生：（齐答）没有。

（教师擦去板书“难过”和“含泪”）

师：有写鸟儿的“焦急”吗？

生：（齐答）没有。

（教师擦去板书“焦急”）

师：有写鸟儿的“心急如焚”吗？

生：（齐答）没有。

（教师擦去板书“心急如焚”）

师：有写鸟儿的伤心欲绝吗？

生：（齐答）没有。

（擦去板书“伤心欲绝”）

师：什么都没有。我们这个故事根本就没有写鸟儿和树的任何表情和心情。（在“写表情”前，板书“不”，形成“不写表情”）你读这样的文字，感觉是什么？

生：要是有了这些提示语，我就感觉很生动，没有就感觉很无味。

师：无味，是的。这样的感觉就是平淡。我们再写一遍“平淡”。（教师板书：平淡）

三、于平淡中感受款款歌唱的深情

师：故事有一个平淡的开头，故事又接着平淡的讲述。故事的结尾是否还会平淡呢？我们来看一看。

（屏幕出示鸟儿睁大眼睛，盯着灯火看了一会儿，接着，她就唱起去年唱过的歌给灯火听，唱完了歌，鸟儿又对着灯火看了一会儿，就飞走了）

生：（朗读）鸟儿睁大眼睛，盯着灯火看了一会儿，接着，她就唱起去年唱过的歌给灯火听，唱完了歌，鸟儿又对着灯火看了一会儿，就飞走了。

师：孩子们，读完这个故事的结尾，你可能会留心这样一个细节。在鸟儿唱歌之前和唱歌之后，她有一个看起来很简单很简单的动作，前后几乎完全一样的动作，你留心到这个细节了吗？这个细节就是——

生：她唱歌前盯着灯火看了一会儿，唱完歌也盯着灯火看了一会儿。

师：一个字，那就是——

生：看。

师：没错，就是看。一起读。

生：（齐读）看。

师：轻轻地读。

生：（轻轻齐读）看。

师：谁都知道，鸟儿为了这一刻历尽了千辛万苦，经历了那么长时间的等待，现在却只能"看"。静静地看，默默地看，就这样看着，看着，她的眼前仿佛又一次出现了过去的画面。

（舒缓而忧伤的背景音乐响起，屏幕上课件再次依次播放鸟儿给树唱歌的温馨的画面）

师：她想起了，当太阳露出笑脸的时候——

生$_1$：（读，声音哽咽）鸟儿站在树枝上给树唱歌，树呢，听着鸟儿唱。

师：她想起了，当月亮挂上树梢的时候——

生$_2$：（读）鸟儿站在树枝上给树唱歌，树呢，听着鸟儿唱。

师：她想起了，当森林里的雪都融化了的时候——

生$_3$：（读）鸟儿站在树枝上给树唱歌，树呢，听着鸟儿唱。

师：她想起了，当叶子在秋风中飘落的时候——

生$_4$：（读）鸟儿站在树枝上给树唱歌，树呢，听着鸟儿唱。

师：是啊，迎着风，迎着雨——

生$_5$：（读）鸟儿站在树枝上给树唱歌，树呢，听着鸟儿唱。

师：走过春，走过夏——

生$_6$：（读）鸟儿站在树枝上，给树唱歌。树呢，听着鸟儿唱。

师：可是，这一切再也回不来了！她分明记得，自己曾经站在树枝上，给树唱起优美的歌，树呢？

生$_7$：（读）听着鸟儿唱。

师：她分明记得，自己曾经站在树枝上，给树唱起快乐的歌，树呢？

生$_8$：（读，含泪地）听着鸟儿唱。

师：她分明还记得，自己曾经站在树枝上，给树唱起夏日小情歌，树呢？

生$_9$：（读）听着鸟儿唱。

师：她分明还记得，自己曾经站在树枝上，给树唱起晚安小夜曲，树呢？

生$_{10}$：（读，声音哽咽）听着鸟儿唱。

师：可是，这一切再也回不来了！再也回不来了！留在鸟儿面前的，只有这样的画面——（大屏幕回到灯火的画面）

师：她看啊看，她看到了什么？

生：看到了灯火。

师：是的，她还看到了什么？

生：看到了她的好朋友树。

师：是的，她看到了树，那已经是去年的树了，此时她的心里有多少话想对好朋友树说呀！孩子们，拿起你的笔，写一写鸟儿最想对树说的话，写一写她内心的真情告白。写的时候，请你用“树啊树”开头。

（学生在音乐声中练笔写话，教师指导巡视）

师：孩子们，停下手中的笔，有没有写完都不重要，重要的是在你提笔的那个瞬间，你完完全全化成了故事中的那只鸟。为了这个春天的约定，为了给自己的好朋友唱起去年的歌，鸟儿历尽了千难万险经历了千辛万苦，但是，留在她眼前的只有这盏用朋友的身躯化成的灯火。这一刻，鸟儿有多少话要对树说——

生：（朗读小练笔）树啊树，你能听到我唱歌吗？去年的那首歌。来世再到那片森林里去，让我找到你，好吗？现在灯火烧得更旺了，我和你的友谊地久天长。

师：写得真好！这是多么深情的话语，她盼望着有来世，再为自己的好朋友唱歌。（板书：深情）对着灯火，对着去年的树，鸟儿真想说——

生：（朗读小练笔）树啊树，还记得去年在你孤单时我为你唱的歌吗？还记得去年我给你唱的小夜曲吗？还记得去年我给你唱的儿歌吗？但是，这一切都是如此短暂啊，希望你还记得我们经过的点点滴滴，记得我们是好朋友。

师：写得真好！三个“还记得吗”让我们永远怀念那一段美好的时光。（板书：怀念）对着灯火，对着去年的树，鸟儿真想说——

生：（朗读小练笔）树啊树，我们去年不是约好的吗？你怎么可以就这样忘记呢？虽然你已经变成今日的灯火了，但这段友情永远留在我们的心中。

师：是的，看起来似乎有那么一点点的责备，然而谁都知道，责备的背后是多么深厚的感情啊！（板书：责备）对着灯火，对着去年的树，鸟儿真想说——

生：（朗读小练笔）树啊树，我的好朋友，我以后再也不能唱歌给你听了，这是我唱的最后一首歌。你听，你在听吗？再见了，我会永远记得你！

师：是的，因为不舍，永远记得。（板书：不舍）

师：孩子们，你们写得多么感人又多么真切！我们在鸟儿的内心独白当中，感受到了她的——

生：（自由应答）深情。

师：感受到了她的——

生：（自由应答）怀念。

师：还稍稍感受到了她的——

生：（自由应答）责备。

师：感受到了她的——

生：（自由应答）不舍。

师：是的，面对着灯火，面对去年的树，鸟儿的内心有那么多的话，让我们再一次强烈地感受到了，鸟儿和大树之间的那份感情是如此——

生：（自由应答）深厚。

师：（板书：深厚）然而，谁都知道，故事并没有写鸟儿深情的话语，也没有写鸟儿怀念的话语，更没有写鸟儿责备的话语、不舍的话语。（边说边擦掉黑板上相应的词语）如此深厚的感情，在我们这个故事当中却不见一个字，不见一句话。出现在我们眼前的只有这样一个简简单单、平平常常的动作，那就是——

生：（自由应答）看。

师：轻轻地读。

生：（轻轻齐读）看。

师：淡淡地读。

生：（淡淡齐读）看。

师：平平地读。

生：（平平齐读）看。

师：多么普通的一个字眼，多么平常的一个细节，甚至让我们感觉有点枯燥，有点乏味，但故事就是这样写的。看着，看着，鸟儿就唱起了去年的歌。假如大树在天有灵，他听见他最要好最思念的朋友唱起了去年的歌，他的心情又是什么呢？

生：他会有一点自责，他会怪自己没有等到好朋友来。

师：是的，他会有那么一点点内疚。

生：他会有点责怪人类把他砍倒了。

师：也许吧，但是他拧不过自己的命运啊。

生：他会有点自豪，为了自己有这样一个朋友。

师：自豪，是的。他会欣慰，他会自豪，他的内心虽然伤感却也会感到温暖。

生：他可能有点担心，如果没有来世，就无法遇见这么好的朋友了。

师：其实他无须担心，当鸟儿为他唱歌的那一个瞬间，我相信一切担心都已经不复存在了。

师：孩子们，这样的歌声，在树的心目中会随着时间的流逝而流逝吗？

生：（自由应答）不会！

师：这样的歌声，在鸟儿的心目中会随着岁月的老去而老去吗？

生：（自由应答）不会！

师：是的！这是超越了时间的歌声，这是永恒的歌声。孩子们，带给我们这永恒歌声的故事，就叫做——（教师指课题）

生：（齐读）去年的树。

师：孩子们，我们看《去年的树》。它没有写外貌的句子（擦去板书“不写外貌”)，它没有写表情的词语（擦去板书“不写表情”)，它也没有写心理的语言（擦去板书“不写心理”)，请问，是作者不会写外貌吗？（生：不是）是作者不会写表情吗？（生：不是）是作者不会写心理活动吗？（生：不是）那他为什么不写呢？

（教师板书：在三个“平淡”与三个“深厚”之间画出空白框）

生：可能这篇课文就是一篇平淡的课文。

师：你认为它就打算平淡到底了。

生：可能作者想让我们自己琢磨。

师：有这种的可能。

生：作者想让我们自己思考，自己来感受这一种感觉。不写出来，自己想的可能更加有趣，更加伤感，更加漂亮。

生：可能是作者为读者留下的想象空间。

师：真好。孩子们，你们看到这个留下的框了吗？（手指板书）这是一个巨大的空白，这是一个无限的空间。是的，它不写表情，不写外貌，不写心理，但它却给我们留下了丰富的、无限的想象空间。（在框内板书：想象）正是这些空间，故事才留给我们这样一份巨大的语文的魅力——用最平淡的语言抒写最深厚的感情。这个童话故事就是——

生：（齐读）去年的树。

师：下课。

《幸福的衬衣》课堂教学实录

孙双金

师：老师们，早上好。同学们，早上好。

生：老师好。

师：我们互相认识一下，知道我姓什么了吗？

生：孙。

师：子小孙，孙悟空的孙。你们是历下区实验小学五几班的？

生：五（2）班。

师：我们先交流一下啊。你这一辈子最想得到什么？大胆表达自己的观点，你来？

生：我喜欢亲人对我的爱。

师：她最想得到的是亲人的爱。多么富有爱心的小女孩。有一颗爱心是多么的可贵。你叫什么名字？

生：王可儿。

师：哎哟，这个名字好，可儿。多好的名字，我们给可儿来点掌声好不好？我想恐怕每个人是不一样的。我喜欢听不一样的，你这辈子最想得到什么呢？大胆地说，没关系，我就喜欢举手的，讲对了表扬，讲错了更表扬。表扬你的勇气，表扬你的精神，你来！

生：我最想得到好的运气。

师：他最想得到的是好的运气。你叫什么名字？

生：刘晓飞。

师：刘晓飞，有的时候运气啊是自己不能把握的，好像一个什么东西掌管着它，是不是啊？人生有的时候运气也是重要的。好的，你呢？

生：我最希望能得到快乐和幸福。

师：有的人心里在想却没有说出来：孙老师，我最想得到的是“钱”。有钱多好，对不对？有人笑了。有的人恐怕心里还在想，我最想得到的是什么呢？将来做个大官。每个人都有自己不同的想法，今天啊，我们走进“幸福”这个词语。“幸福”这个词是温暖的，所以我用一种温暖的颜色来书写，这温暖的颜色是什么呢？黄色。今天我们学的课题是什么？一起说？

生：《幸福人的衬衣》。

师：幸福人的衬衣，今天同学们都穿了短袖，天气比较热。你的不叫衬衣，叫什么？T恤短袖。孙老师为了上这篇课文，把昨天的短袖换成什么？我穿的叫什么？大声说？

生：衬衣。

师：为了做个幸福人，为了上这个《幸福人的衬衣》，我也就穿了一件衬衣。这篇文章预习过了吗？

生：预习了。

师：我们来捋一捋好不好，这篇文章当中出现了哪些人物呢？

生：有国王和王子。

师：嗯，他说的两个人物（板书）。首先出现的有国王，有王子，还有哪些人物呢？你来说？

生：还有神父，还有邻国国王，还有一个穷小伙子。

师：说得真好，还有神父，还有邻国的国王（板书），是不是？最后出现的小伙子，是童话故事当中出现的主要人物。高年级同学读一篇文章应该具备什么能力呢？读一遍后把主要人物提炼出来，抓住主要人物。第二种能力，这些人物出现之后，你能不能围绕这些主要的人物讲出这篇文章的主要内容，简要地概括一下，谁来试试看？这个童话故事讲的是——自己在座位上练练，自己出声练一下子。（学生练习后）好，谁来用自己的话简要地把故事概括一下？好极了，胆子大一点，没关系啊，说错了没有关系的。你来。

生：王子是国王的掌上明珠，可是王子总是不高兴，国王就让大使去全国搜寻幸福的人。国王依次找来了神父、邻国的国王，可是他们都不是幸福的人，只有小伙子是幸福的，但是他并没有衬衣，因为幸福不是给别人的。

师：掌声在哪里？

（生鼓掌）

师：你太棒了。叫什么名字？

生：我叫仲崇颖。

师：仲崇颖是不是啊，什么颖啊？

生："颖"是"新颖"的"颖"。

师："聪颖"的"颖"，多么聪明智慧的女孩，说得太棒了。没有一个多余的字。"国王的掌上明珠"，用了"掌上明珠"，这是课文中的关键词语。"依次找来"，这个语词表述是多么恰当，多么凝练。这是高年级孩子的表达能力，太棒了，再给她掌声。

课文就是讲了国王唯一的儿子王子不快乐，国王就把全国最有智慧的人请来，问他们怎么让我的孩子快乐呢？大家说你找一个最快乐的人，把他的衬衣和王子的衬衣一换，你的儿子就快乐了。于是国王依次找来了神父、邻国国王，发现他们都不是幸福的人。最后国王自己找到了一个快乐的小伙子，要跟小伙子换衬衣的时候，掀开外衣一看，小伙子没有衬衣。

好，我们就走进这个非常富有哲理的童话故事，我们来看文章的第一部分。一起把这一段读一读，"国王有个独生儿子"，齐——

生：国王有个独生儿子，国王把他看作掌上明珠。可是王子总是不快乐，每天在窗前呆望天空，消磨时光。

师：我们怎么读得有点感情呢？带点情感来读，谁来试试看？带着你的感情来读一读，你来。

生：国王有个独生儿子，国王把他看作掌上明珠。可是王子总是不快乐，每天在窗前呆望天空，消磨时光。

师：读得非常流畅而且响亮，感情怎么能再增加一点呢？“国王有个独生儿子”，强调的是什么？“独生”，所以在读这一句的时候，“独生”要强调。国王把他看作什么？“掌上明珠”。强调的关键词是什么？“掌上明珠”。来试一下看看，“国王有个独生儿子”，齐——

生：国王有个独生儿子，国王把他看作掌上明珠。

师：可是王子总是不快乐，这里“不快乐”不用重音来强调了，反而用一种比较轻的声音来强调，“可是王子总是（稍停后轻声读出）不快乐”，有的时候突然停下来，让听你读的人耳朵竖起来了——可是王子怎么样？“总是不快乐，天天在窗前呆看天空，消磨时光”，这里要读得低沉一点，你不能读得很快乐：（高声欢快地读出）“王子总是不快乐，天天在窗前呆看天空，消磨时光”，这样一读好像王子很快乐的样子？对不对？我们一起来试试看。“可是王子总是不快乐”，齐。

生：可是王子总是不快乐，天天在窗前呆看天空，消磨时光。

师：是啊，谁告诉我，王子为什么不快乐？他为什么不快乐呢？

生：因为他觉得不幸福。

师：我再追问一句，他为什么不幸福呢？

生：不知道。

师：找一找这段的关键词，王子为什么不快乐？你来说。

生：我认为，既然王子是国王的独生儿子，那国王肯定很溺爱他，所以非常非常不愿意让他受到伤害，就只把他关在王宫里，不让他出去像普通的孩子一样玩耍，所以他就不快乐。

师：给他掌声。你讲了很多点，如果你把它浓缩成一句话，什么样的人不快乐呢？

生：失去自由的人不快乐。

师：给他掌声，你来，跟着孙老师上来。（老师搀着学生的手）这是我们这堂课产生的第一句“名人名言”。第一句：失去自由的人不快乐。请把你这一句名言写在黑板上面。字写得小一点，“失去自由的人不快乐”。扶着黑板写，小一点，后面还有其他人要写，再小一点，靠近一点。后面还要写一个括号，很重要啊，这个名言是谁说的呢？署上你的大名，说出这句名言的人是谁呢？这个名人叫什么？张孟硕。

这堂课我们出现的第一句“名人名言”：张孟硕，“失去自由的人不快乐”。小名人孟硕，握个手，请你回座位。今天这堂课的板书，全是你们来写，你的名字能够写到上面来，你就是小名人。这是这堂课出现的第一个“名人名言”，“失去自由的人不快乐”。再读这一段，王子为什么不快乐呢？你能不能总结出一个原因？概括出一句名言。

生：我觉得无事可做的人不快乐。

师：听到没有？你说哪里看出王子无事可做？

生：他天天在窗前呆望天空，消磨时光。

师：她概括的名言叫什么？

生：无事可做的人不快乐。

师：上来，写第二句名言“无所事事的人不快乐”。看到吗？我的阅读，我的发现是与别人不一样的。再读第一段，你还读出什么样的人不快乐？你看，举手的人越来越多了。

生：孤独的人不快乐。

师：从哪儿看出王子孤独？

生：因为他是独生儿子，国王肯定很爱护他，那样把他关在皇宫里边，皇宫里边没有别的朋友。

师：就他一个人没有玩伴，所以你的名言是？

生：孤独的人不快乐。

师：“孤独的人不快乐”。上来，都是哲学家。这是第三句名言，还有没有不一样的？我就喜欢不一样的，你来。

生：没有朋友的人不快乐。

师：没有朋友的人也可以说是什么？

生：孤独的人。

师：孤独的人，这是相近的，他的可以代替你。好，还有不一样的吗？你来。

生：没有需求的人不快乐。

师：你从哪里看出王子没有需求？

生：课文中说国王把他看作掌上明珠，就是说国王把一切好的东西都给他，他就没有什么需求的了。

师：嗯，要什么有什么，要天上的月亮，就把天上的月亮摘给他，什么都能满足，你的名言是？

生：没有需求的人不快乐。

师：好，我想把她的名言中一个词换一个更恰当，“没有需求的人”，把“需求”换一个近义词，你能换吗？

生：没有要求的人。

生：没有追求的人。

师：听到没有，没有“追求”的人。原创是你，你是第一作者。上来，这句话仍然由你写，这是人家的原创，是她的原创。但是原创的句子呢，我们可以适当改造一下，“没有追求的人不快乐”。看到了吗，这短短的两句话，我们读出了什么呢？“失去自由的人不快乐”——张孟硕。王可儿：“无所事事的人不快乐。”刘晓斐：“孤独的人不快乐。”陈嘉仪：“没有追求的人不快乐。”这就是我们的一双独特的慧眼，我们能在这个短句子当中抓关键词，从“掌上明珠”，从“呆看天空”，从“消磨时光”读出了不一样的内容。

我们再把第一段，读一读好不好？

生：好。

师：再读感受又不一样了，“国王有个独生儿子”，齐——

生：国王有个独生儿子，国王把他看作掌上明珠。可是王子总是不快乐，每天在窗前呆望天空，消磨时光。

师：那么，国王的独生儿子、掌上明珠不快乐怎么办？国王就要想办法了，于是把全国最聪明的人请来。哎，大家讨论得出一个什么结论呢？请大家迅速把课文看一看。

生：找一个完全幸福的人，把他的衬衣跟王子的衬衣换一下。

师：是呀，找一个最幸福的人，把最幸福的人的衬衣跟你王子的衬衣换一下，你的儿子就幸福了。有人说，请人出主意，有人会出好主意，有人会出馊主意，有人会乱出主意，是不是啊？这些人出的是什么主意呢？我们学了全文就知道了。嗯，于是国王就听从这些最有智慧的人的主意，开始寻找了。他第一个找的人是谁啊？

生：神父。

师：我纳闷了，为什么第一个找神父呢？为什么第一个不把百万富翁请过来呢？

生：神父的地位高，然后他能辟邪。

师：神父地位高，高到什么程度？神父代表谁来说话的？

生：神父代表神灵来说话的。

师：代表神灵来说话，在西方社会中神父代表的是谁？

生：代表的是上帝。

师：代表的是上帝，是代表至高无上的上帝说话的。代表上帝的人不幸福吗？当然就找一个地位至高无上的人。那么谁来把这段话读一读？我来请人分角色读一读吧，好不好？国王的话谁来读？你来做国王，你来做神父，好不好？我来读叙述。我们开始："一个神父被召来见国王。"

生：你幸福吗？

师：国王问道。

生：是的，我确实很幸福，陛下。

生：很好。你做我的主教怎么样？

生：啊，陛下，我正求之不得哩！

生：滚！给我滚得远远的！

师：国王咆哮起来。

生：我要找的是自身感到幸福的人。一个总想得寸进尺的小人绝不会是幸福的。

师：于是，大使又重新开始搜寻。

我特别欣赏这个"国王"，读得非常投入，真棒，好，请坐。我们再一起读一读好不好？我们请男生做国王，女生做神父，我读叙述。我们再来一下，文章要反复读，当你读进去的时候，谈理解的时候你就能理解了。我们再来一遍，"一个神父被召来见国王。"

生：你幸福吗？

师：国王问道。

女生：是的，我确实很幸福，陛下。

男生：很好。你做我的主教怎么样？

女生：啊，陛下，我正求之不得哩！

男生：滚！给我滚得远远的！

师：国王咆哮起来。

男生：我要找的是自身感到幸福的人。一个总想得寸进尺的小人绝不会是幸福的。

师：于是，大使又重新开始搜寻。

你从这一段当中读出什么样的人不幸福呢？

生：一个总想得寸进尺的小人绝不会是幸福的。

师：你把这个句子凝练一下，名言都很凝练，没有多余的字，你把它凝练成一句非常好的名言。

生：得寸进尺的人不会是幸福的。

师：得寸进尺的人不幸福。来，你还读出不一样的吗？他用了书上一个词叫得寸进尺。你还有不一样的吗？

生：占小便宜的人不幸福。

师：你从哪里看出他占小便宜？

生：因为国王把他召见来让他做主教，那样他就有荣华富贵，他正求之不得，说明他很想占这个小便宜。

师：贪图什么的人？

生：钱财。

师：贪图什么的人？

生：金钱。

师：贪图？

生：金钱。

师：他要的是什么？让你做我什么？做主教，神父到主教是最高的地位了。你把它概括了，叫贪图什么？

生：贪图地位的人不会幸福。

师：好极了，看到了吗？他的名言是怎么产生的？刚开始说贪图小便宜，后来说贪图金钱，再读课文当中神父变主教，贪图的是地位，所以一句名言是在反复的品读当中产生的，“贪图地位的人不幸福”。

“贪”字会写吗，下边是个“贝”，写得小一点，黑板比较小。神父本来是代表上帝发话的人，地位最崇高。可是国王一检验，不是这样的人，不是国王要的人，所以国王咆哮起来，大发雷霆，叫他滚走了。旁边人又给他出主意了，找谁啊？

生：找邻国的国王。

师：为什么找邻国的国王呢？我们看看邻国的国王是个什么样的人。把课文拿起来，我请一个同学来读一读，“不久，国王听说有位邻国国王……”你来读。

生：“不久，国王听说有位邻国国王，人们都说他是个真正幸福的人。他有个贤惠、美丽的妻子，而且子孙满堂。他制服了所有的敌人，国家康泰安宁。”

师：于是——

生：“于是国王又有了希望，马上派使臣去见他，想向他要一件衬衫。”

师：为什么这个邻国的国王大家都认为他是世上最幸福的人呢？因为他有什么？

生：因为他有一个贤惠的妻子，还有子孙满堂。

师：作为一个成功人士来说，找到一个贤惠美丽的妻子是成功的表示，子孙满堂是成功的表现，还有呢？

生：他还制服了所有的敌人。

师：他把所有的敌人都制服了。一个多么伟大的人！还从哪里看出他幸福呢？

生：他把国家治理得康泰安宁。

师：对。最后一句才是一个成功国王的最最主要的标准。一个国王把自己国家治理得国泰民安，这个国王是不是十分完美的了？为什么没有找他换衬衫呢？下面一段谁来读？这完美的人，你来读下面。

生：“凡是人们想要的东西我的确都有了。不过，我仍然满腹忧愁，因为总有那么一天，我不得不扔下这一切离开人世。为这事，我夜里睡觉也不安稳呢。”

师：你从这里看出这个邻国的国王为什么不幸福？

生：因为他贪生怕死。

师：那么你总结一句名言。

生：贪生怕死的人不幸福。

师：好极了，上来。还可以说不一样的吗？

生：满腹忧愁的人不幸福。

师：写上去。你，还可以总结什么？

生：不满足的人不幸福。

师：“不满足的人不幸福。”我们把这一句推敲推敲好不好？换一个词来说说他，你来？

生：这个国王不知足。

师：不知满足，对不对？这个“不满足”和“不知足”是有细微的差别，对不对？所以推敲后的句子是？

生：不知足的人不幸福。

师：好极了，你上来。你写到这边来。

到现在为止，我们概括的名言的句式都是什么样的句式呢？“失去自由的人不快乐”“无所事事的人不快乐”“孤独的人不快乐”“没有追求的人不快乐”——都是从反面说呢，怎么样叫不幸福？那么怎么就幸福了呢？文章接着写，遇到这个小伙子从正面来说怎么就幸福了呢？请你拿出笔来，在文章的后半部分小伙子的旁边概括一句名言，怎么样的人就幸福了？写在课文的旁边。快速默读，快速提炼，写好的举手示意一下。

真棒，你看绝大部分都写好了，我们为了加快时间，就不一一上来写了，我们把最优秀的写上来，一般的就念一下子，你概括的？

生：无忧无虑的人幸福。

生：对一切感到满足的人很幸福。

生：知足的人会幸福。

师：知足者常乐，你的？

生：能帮助别人的人很幸福。

师：好极了，还有没有？你的？

生：自由自在的人很幸福。

师：自由自在的人幸福。你的？

生：心满意足的人幸福。

生：不贪图地位的人幸福。

师：好极了，你还有不一样的？

生：快乐、没有忧愁的人幸福。

师：好极了，还有你的？

生：毫无所求的人很幸福。

师：好的，看到了吗？这是同学们从正面的小伙子身上读出来的，什么样的人幸福。

照理这个故事就结束了。但是故事的真正难点在最后，这一点你读懂了，说明文章你真正懂了。国王说：你赶快救救我的孩子吧，你赶快救救我的孩子吧，再不救我的孩子来不及了，于是不等小伙子把话讲完，“叭”把小伙子外衣一下剥开来，一看发现小伙子没有衬衫，国王一下子呆住了，读这一句话，齐。

生：“这个幸福的人根本没穿衬衣。”

师：再读一下，强调什么词？“这个幸福的人根本……”，你强调“根本”试一试。齐。

生：这个幸福的人根本没穿衬衣。

师：你强调“衬衣”这个词试一试，“这个幸福的人根本没穿……衬衣”，齐。

生：这个幸福的人根本没穿衬衣。

师：你把“幸福”这个词强调读读看。

生：这个幸福的人根本没穿衬衣。

师：“这个幸福的人根本没穿衬衣。”你从这句话里读出了什么？三个人讨论讨论，你读出了什么？

生：快乐不能给予别人，只能感到自身的幸福。

师：幸福不是衬衣，你的衬衣我的衬衣能交换着穿，但是幸福能交换吗？你的幸福不能换给我，我的幸福不能换给你，幸福是不能交换的。你上来，这一句话太有哲理了。

生：幸福是自身内心感受到的。

师：这是好多哲学家说的，今天我们班上出了那么些的哲学家，这是哲学家的名言。你还读出了什么？

生：幸福不是物质上的奖励能得到的。

师：幸福不像衬衫那样，是物质的，他说幸福不是物质奖励就能得到的，我就用你的原句，这个原句也非常好。不是发点钱就是幸福的，不是给你件衬衫你就是幸福的。再来，越来越厉害了，我们班孩子越来越厉害。你的名言？

生：幸福不是别人给的，是自己感受到的。

师："幸福不是别人给予的，是自己的感受。"太棒了，上去。你的感受？

生：别人的幸福你是感觉不到的。

师：有时候别人幸福我能感觉到。我跟陶继新老师在一起，我就感觉到陶老师的幸福。别人的幸福能感受到，把"感觉"换一换。别人的幸福你是不能？

生：拥有的。

师："别人的幸福你是不能拥有的。"你是这个意思吧？你连起来说说看？

生：别人的幸福你是不能拥有的。

师：你不能拥有别人的幸福。可以。

生：幸福的人不一定是给予高位的，可能是一个平常的老百姓。

师：幸福的人不一定有衬衫，对不对？幸福的人不一定有衬衫，也就是说幸福的人不一定？

生：一个平凡的人也是可以得到幸福的。

师：一个平凡的人也是能得到幸福的，幸福和衬衫没关系。衬衫代表着什么？

生：物质。

师：物质，那么幸福和什么没关系？

生：幸福和物质没关系。

师：你上去写："幸福和物质没关系"。

生：幸福是心灵上的灵感，是不能给予的。

师：这有诗意的语言，给她来点掌声。你再说一遍。

生：幸福是内心的灵感，是不能给予的。

师：幸福是内心的灵感，是不能给予的。越来越棒了，哪里是五年级孩子说的啊！你说。

生：幸福是发自内心的。

师：看看还有地方写吗？同学们，《幸福人的衬衣》这个童话告诉我们什么道理呢？都在黑板上。都在你们的名言当中。这是一个非常深刻的人生哲理，但今天，你们都破解了，你们都给了答案。太了不起了。王一婷说"幸福是不能交换的"，徐培辰说"幸福是内心自己的感受"，胡子成说"幸福不是物质上的奖励得到的"。李军祖说"幸福不是别人给予的，是自己感受到的"。魏可星说"幸福是内心自己的感受"。闫鹏旭说"幸福是发自内心的"。你看，多少是讲幸福是自己内心的，不是外在的，不是物质的，不是衬衫。这是卡尔维诺的童话告诉我们的哲理。

《幸福人的衬衣》，这个童话写得一波三折，先写王子不快乐，再写国王请人出主意，王子有希望了，故事一下起波澜了。接着写找到最幸福的人换一下衬衣就有希望了。第一个找了神父，失望。第二个找了邻国国王，失望。第三个找到小伙子充满希望，但是把外衣掀开发现小伙子没有衬衣。情节一下子又跌到低谷，引起我们读者深深的思考。卡尔维诺的童话魅力在哪里呢？故事的一波三折，人生哲理的深刻而丰富，就是这个童话故事带给我们的启示。

外国的给我们启示，中国的有没有呢？我们来看看我们中国的一首著名的诗篇《面朝大海，春暖花开》。这首诗听过没有啊？那就听孙老师朗读吧。

（出示课件）

面朝大海，春暖花开

海子

从明天起，做一个幸福的人

喂马、劈柴，周游世界
从明天起，关心粮食和蔬菜
我有一所房子，面朝大海，春暖花开

从明天起，和每一个亲人通信
告诉他们我的幸福
那幸福的闪电告诉我的
我将告诉每一个人

给每一条河
每一座山
取一个温暖的名字
陌生人，我也为你祝福
愿你有一个灿烂的前程
愿你有情人终成眷属
愿你在尘世获得幸福
我只愿面朝大海，春暖花开

（鼓掌）

师：谢谢大家。我们一起来朗诵一下，好不好啊？

（生有感情的朗诵）

师：真棒，一遍就念成这样的，太棒了。海子说从明天起要做一个幸福的人，他准备怎么做幸福的人啊？你们告诉我？

生：他要喂马、劈柴，还要周游世界。

师：喂马、劈柴，做一个劳动的人。

生：他要为每一座山、每一条河都起一个温暖的名字。

师：给所有的山水起温暖的名字。你们告诉我，你们济南这里有什么山水？好听的山水名字有什么？

生：千佛山。

师：千佛山，多好听的名字。

生：大明湖。

师：大明湖，多好的湖水。

生：趵突泉。

师：趵突泉。你看济南名胜的名字多好听。

生：五龙潭。

师：五龙潭，太棒了。你来。

生：黑虎泉。

师：有黑虎泉，神秘。你来。

生：百花公园。

师：百花公园多美啊，你来。

生：百石泉。

师：你们济南名胜的名字都是温暖的名字，这是幸福人起的温暖的名字，不仅温暖了泉水、大山，更温暖了我们看山、看水人的心灵。海子还准备怎么做幸福的人？

生：为陌生人祝福。

师：为所有的陌生人，我不认识他，路上的行人我不认识，为每一个陌生人祝福，多么善良的人啊。

生：和每一个亲人通信。

师：给亲人们送去自己的问候。

生：把幸福送给每一个人。

师：是啊，怎么做就是幸福的人了？海子说，第二天开始劳动，关心粮食和蔬菜，关心生活，热爱生活，有一个房子面朝大海，春暖花开，安居乐业。给所有的亲人通信，给亲人带去温暖，给所有的山水起温暖的名字，给每一个陌生人祝福，这样你就能做幸福的人了。

但是，我遗憾地告诉你们，海子写下这首诗二十几天之后就卧轨自杀了，这是他留给人间的最后一首美丽的、温暖的诗篇。你再读读这首诗，看一看，为什么写了这首诗之后，他要离开人世呢？你从哪一句话发现了玄机？

生：我从倒数第二句话：愿你在尘世获得幸福。他给陌生人祝福，自己却离开了人间。

师：他从“尘世”读出了玄机，他要离开尘世，到另一个世界去。还从哪一句话？从第一句话“从明天起，做一个幸福的人”，你读出玄机没有？

生：如果去另一个世界就没有压力，所以他做一个幸福的人。

师：我改一下，“从今天起做一个幸福的人”，他是这样写的吗？他写的是什么？

生：从明天起。

师：明天起。遗憾的是海子不是写“从今天起做一个幸福的人”，如果他写“从今天起做一个幸福的人”，我们相信海子就不会离开这个世界了。所以你的幸福寄希望于——

生：以后。

师：寄希望于——

生：以后。

师：应该从现在，从当下开始。如果把希望寄托在明天可能会让你失望。

我们看看小鸟的幸福观是怎样的呢？一只小鸟去远方寻找幸福，它飞啊飞，突然看到一朵快要枯萎的花，但小花笑容满面，小鸟不解何故，便问小花：“你快要死了，为什么还这样开心？”“因为我的梦想就要实现了。”小花说。“什么梦想？”“长出甜美的果实。”小鸟明白了。它明白什么了？

生：有梦想的人是幸福的。

师：好。它明白什么了？

生：它要把甜美带给每一个人。

师：好，它明白什么了？

生：拥有梦想的人是幸福的。

师：好极了，你说。

生：梦想就是幸福。

师：实现自己的梦想就是幸福啊。小鸟向前飞，它飞啊飞，突然看到一只瘸腿鸭。鸭子正哼着歌，小鸟不解何故，便问鸭子：“命运对你这样不公，你为什么还这样开心？”“因为我看到一只小鸭子摔倒了。”鸭子说。“你看到小鸭摔倒开心吗？”“不是，我开心的是我帮小鸭站了起来。”小鸟明白了——

生：帮助别人的人是幸福的。

生：乐于助人的人是幸福的。

师：幸福在帮助别人当中。小鸟继续向前飞，它飞啊飞，突然看到一只蜘蛛正在爬一面滑丝丝的墙。蜘蛛中途摔了下来，但它又向上爬，爬到中途又摔了下来，但是蜘蛛一点也不泄气，继续向上爬。

小鸟不解其故，便问蜘蛛："你一次次失败，为什么你脸上没有痛苦而是快乐呢？""只要我不断努力，总是有希望爬上去，正是因为这样，我非常开心。"蜘蛛说。小鸟明白了——

生：有追求的人是幸福的。

生：执着的人是幸福的。

生：有信心的人是幸福的。

生：不放弃梦想的人是幸福的。

师：不放弃、不抛弃的人是幸福的。

生：坚持不懈的人是幸福的。

生：不断努力的人是幸福的。

师：好极了，于是小鸟不再去远方寻找幸福，因为它已经开始懂得……它懂得什么了？

生：幸福不是能找到的，而是心中有的。

生：生活中处处都有幸福，所以它没有必要到远处去寻找了。

师：好的，你懂得？

生：幸福不是别人给的，而是自己心灵深处感觉的。

生：幸福是自己的，自己感受就行。

师：自己身边，自己感觉，随时随处都能找到幸福。幸福在当下的每一刻当中。幸福不一定在北京，幸福不一定在深圳，幸福也不一定在美国，幸福就在我们身边、在当下。

我们最后看看小狗的幸福——《小狗咬尾巴》。小狗问狗妈妈："妈妈，幸福在哪里？"狗妈妈告诉小狗："幸福在你的尾巴上。"小狗听后，每天都在想方设法咬自己的尾巴。可无论它怎么努力，还是不能成功。小狗问妈妈："妈妈，幸福真在尾巴上吗？为什么我总抓不到它？"狗妈妈笑着说道……

你们都来当一回狗妈妈，小狗问你了："幸福真的在尾巴上吗，为什么我总抓不到它？”你做一回狗妈妈，你来告诉小狗？

生：幸福不是能抓到的，是能感受到的。

师：哎，这是妈妈的教导。

生：幸福不是一种物质，是一种信念。

师：哦，这是妈妈的话，嗯，你说。

生：幸福不就在你身边吗？和妈妈在一起不幸福吗？

师：是啊，幸福就在你身边啊，和妈妈在一起就是幸福啊。你来说。

生：幸福不是物质，而是自己内心感受到的。

生：幸福不是物质上的需求，而是心灵上的需求。

师：对啊，幸福是什么？这是所有人都在追问的。狗妈妈讲了一句非常有哲理的话：幸福就是你的尾巴，只要你往前走，幸福永远跟随着你！

这堂课就上到这儿。下课。

生：起立。谢谢老师，老师再见。

师：谢谢同学们，谢谢老师。